A arte de ensinar

Jay Parini

A arte de ensinar

TRADUÇÃO DE
Luiz Antonio Aguiar

Rio de Janeiro
2007

COPYRIGHT © 2005 by Jay Parini

This translation of *The Art of Teaching*, originally published in English in 2005, is published by arrangement with Oxford University Press, Inc.
Esta tradução de *A arte de ensinar*, publicada originalmente em inglês em 2005, foi publicada mediante acordo com Oxford University Press, Inc.

TÍTULO ORIGINAL
The Art of Teaching

CAPA
Diana Cordeiro

PROJETO GRÁFICO
Evelyn Grumach e João de Souza Leite

CIP-BRASIL. CATALOGAÇÃO-NA-FONTE
SINDICATO NACIONAL DOS EDITORES DE LIVROS, RJ.

Parini, Jay
P626a   A arte de ensinar / Jay Parini; tradução de Luiz Antonio Aguiar. – Rio de Janeiro: Civilização Brasileira, 2007.

Tradução de: *The Art of Teaching*
ISBN 978-85-200-0798-3

1. Ensino. 2. Professor. I. Título.

07-1524
CDD – 305.560944
CDU – 316.343.644(44)

Todos os direitos reservados. Proibida a reprodução, armazenamento ou transmissão de partes deste livro, através de quaisquer meios, sem prévia autorização por escrito.

Direitos desta tradução adquiridos pela
EDITORA CIVILIZAÇÃO BRASILEIRA
Um selo da
EDITORA RECORD LTDA.
Rua Argentina 171 – 20921-380 – Rio de Janeiro, RJ – Tel.: 2585-2000

PEDIDOS PELO REEMBOLSO POSTAL
Caixa Postal 23.052 – Rio de Janeiro, RJ – 20922-970

Impresso no Brasil
2007

Para Devon, a melhor de todas as professoras

Sumário

PREFÁCIO   *9*

Inícios   *15*
Minha vida como aluno   *25*
Vida de professor   *77*
Detalhes práticos   *129*

CONCLUSÕES   *181*

Prefácio

Ensinar não é apenas um emprego em que se trabalha. Um professor tem por obrigação despertar seus alunos para a essência da realidade, propiciando uma rigorosa introdução a determinada disciplina e criando uma percepção de suas responsabilidades como cidadãos treinados na arte do pensamento crítico. Claro que a maioria dos jovens na história do mundo, mesmo os mais brilhantes, não têm sido orientados nesse sentido. A educação é dispendiosa e — infelizmente — esse gasto tem sido amplamente patrocinado por governantes que desejam que determinadas coisas sejam ensinadas enquanto muitas outras sejam omitidas. Porém, a educação não é tanto sobre o passado, é mais sobre o futuro. Paulo Freire, um teórico da educação, certa vez lembrou-nos de que "pensar a história como possibilidade é o mesmo que reconhecer a educação como possibilidade. É reconhecer que se a educação não pode realizar tudo, pelo menos, pode realizar algumas coisas".

Neste livro, eu examino algumas destas coisas, refletindo acerca do contexto no qual podem ser realizadas. Depois de começar com um capítulo autobiográfico sobre minha própria experiência dentro do sistema educacional, nos Estados Unidos e na Inglaterra, prossigo, observando aspectos da vida educacional, incluindo que roupas se deve vestir na sala de aula, como cultivar a sua persona individual de educador e como conseguir ensinar e continuar escrevendo e pesquisando ao mesmo tempo. Numa seção posterior, eu me defronto com os detalhes básicos do ensino. Falo sobre palestras, seminários e horas de escritório: os formatos básicos do ensino. Discuto a questão espinhosa da política relacionada às responsabilidades mais amplas de um professor tanto com a sociedade quanto com o estudante. Na "Carta a um Jovem Professor", dirijo-me francamente aos jovens professores sobre a profissão em si, suas armadilhas e possibilidades. E tento incluir nessa "Carta" aquilo que desejaria que alguém me tivesse dito no início de minha carreira.

Trato de todos os assuntos acima expostos do ponto de vista de um professor universitário que trabalha em salas de aula há mais de 30 anos. No decorrer de toda a década passada ou mais, tenho escrito ensaios, ocasionalmente, sobre aspectos do ensino e da cultura da educação para o *Chronicle of Higher Education*. Muitos tópicos incluídos aqui apareceram naquelas páginas, embora tenha inserido algumas reflexões, reconsiderações e experiências posteriores.

Este livro é dirigido a qualquer pessoa interessada em uma educação superior, embora possa atrair especialmente jovens professores, aqueles que devem encontrar seu caminho em meio ao complexo labirinto do sistema. Creio que interessará também a professores mais velhos, se bem que estes, sem dúvida, encontrarão muito com o que discordar. É natural que professores e eruditos discordem, e eu darei boas-vindas às discussões que se seguirão a sua leitura.

PREFÁCIO

Ensinar uma profissão excitante e desafiadora, como qualquer um que já tenha pisado numa sala de aula sabe — como se estivesse nu diante de uma audiência jovem e exigente, sentindo a pressão do olhar deles, a necessidade gigantesca em seus corações e o volume de assuntos em suas cabeças que precisam adquirir forma, realinhamento e suplementação. Sem dúvida, sou profundamente grato aos meus alunos por me permitirem realizar uma função crucial em suas vidas. Este livro também reflete a minha gratidão e as minhas esperanças por todos eles. O que quer que tenha sido feito pode ser feito melhor. Esta é minha premissa fundamental, na vida e nestas reflexões.

A arte de ensinar

Início

Inícios. Uma das coisas que eu mais tenho prezado no meu trabalho acadêmico é o sentido de iniciar algo. Há sempre um novo início, seja com novos estudantes, novos colegas, novos cursos. Mesmo os colegas mais velhos por alguma razão parecem novos em setembro, quando a luz do sol tem um brilho todo especial, reunindo energia para uma explosão final do verão antes do declínio inevitável, a que Robert Frost em *The Oven Bird* chamou de "aquele outro declínio que denominamos outono".

Sempre me pareceu irônico que alguém inicie seja o que for no outono, ou que um sentido de recomeçar devesse estar ligado, visualmente, à falência exuberantemente avermelhada de toda a folhagem. Emocionalmente, o ano escolar deveria começar na primavera, quando os botões das plantas desabrocham: haveria uma sensação no ar de que tudo recomeça. Mas não funciona dessa maneira. Em algum lugar, há muito tempo, alguém teve a idéia de que os períodos acadêmicos deveriam começar no outono: provavelmente quando o trabalho da colheita terminasse, de forma que os garotos da fazenda pudessem estudar impunemente.

Com freqüência penso em "Primavera e Outono", um poema de Gerard Manley Hopkins. Nele, o narrador encontra-se por acaso com uma jovem garota, Margaret, que está parada em meio a uma típica cena de outono, com folhas douradas caindo ao seu redor. Por razões desconhecidas, está chorando. O poeta, mais para si mesmo do que para a garota, conclui:

Ah! À medida que o coração envelhece,
Você conhecerá cenários tão mais frios.
E logo não desperdiçará um suspiro sequer
Embora mundos de folhas das débeis árvores estejam pelo chão;
E contudo você chorará e saberá por quê.
Ora, não importa, criança, o nome:
As causas da tristeza são sempre as mesmas.
Nem a boca nem o espírito expressam
O que o coração escuta, o espírito adivinha:
É a degradação para a qual nasceu o homem,
É por Margaret que você chora.

Em outras palavras, Margaret (como o narrador e também os leitores do poema) deve seguir o caminho de todas as folhas, quer tenha ou não consciência disso. Quando ficamos tristes no outono, estamos lamentando a nossa própria mutabilidade.

Por outro lado, o ritmo do mundo acadêmico corre contra esta melancolia natural, tão habilmente simbolizada pelas estações. De acordo com o calendário acadêmico, o outono significa recomeçar, voltar a viver após a torpeza sonolenta do verão. Para mim, quando eu era criança, o começo do ano escolar sempre significou um conjunto de roupas novas, sapatos novos, um pacote de lápis não apontados e cadernos ainda não rabiscados pelas febris tentativas de escrever ou fazer contas. Especialmente, significava um novo professor: alguma mulher desconhecida com o título de "Senhorita" (não tive um professor homem até o curso secundário) cujo timbre de voz e hábitos idiossincráticos eu seria obrigado a aceitar, não importando o quanto sentisse a falta do professor do ano anterior. O ano novo também significava um conjunto de regras veladas que eu teria de decifrar do modo mais difícil, por meio da experiência.

Embora — como toda criança — eu odiasse ver o verão terminar, o reinício da escola continha uma certa promessa: uma nova oportunidade de uma brincadeira comigo mesmo, com a opção viva de experimentar novo personagem — aquelas máscaras frágeis que moldamos à nossa pele, que eventualmente se tornam indistinguíveis do que chamamos de *eu*, aquela figuração multifacetada que apresentamos ao mundo. Havia também a oportunidade de reinventar meu relacionamento com o resto da classe: tornar novos os velhos amigos, descobrir que colegas eu podia ter desdenhado ou superestimado. Significava reelaborar meu lugar dentro do grupo, fazer ajustes e ser ajustado por outros. (Esta última possibilidade às vezes era bastante dolorosa, e continua sendo.)

Em 1960, empenhei-me para fazer uma mudança um tanto dramática de máscaras quando saí da escola primária e fui para a 7ª série: uma das várias junções cruciais da vida de qualquer estudante. Eu era selvagem e quase patologicamente tímido; na verdade, não sair da concha é pouco para descrever minha personalidade na época — eu era a concha. No verão, tropecei num livro na livraria da cidade: *Como fazer amigos e influenciar pessoas*, de Dale Carnegie. Eu o li uma porção de vezes, depois copiei as regras de Carnegie de como ganhar amigos e pendurei-a na parede do meu quarto. Decorei-as, e ainda estavam a buzinar na minha cabeça quatro décadas mais tarde. "Seja sincero na sua aprovação e generoso em seus elogios", Carnegie aconselhava (estou citando de memória). Aquela regra em particular sempre chamou a minha atenção.

Quando o ano escolar começou, passei as primeiras semanas fascinado por minhas observações. Carnegie afirmava que sempre havia algo que merecia ser elogiado, e acreditei nele. Decidindo proceder de modo sistemático sobre isso, anotei os nomes de todos da minha classe, carteira por carteira. Dentro de algumas semanas, tinha encontrado (e anotei no meu diário) alguma coisa positiva sobre cada estudante na sala. Logo, meu ataque começou. "Você tem um braço e tanto para arremessos", disse a Jack, cujo talento com uma bola de beisebol despertou a minha atenção certo dia depois da escola. "Você devia mesmo pensar em participar do time da escola na próxima primavera." Para Elaine: "Quando você pronuncia as palavras nas aulas de espanhol, fala como uma espanhola. Já esteve na Espanha?" Parecia que havia sempre alguma coisa, em todo mundo, que agradava: o salto para o arremesso de Ralph na quadra de basquete, a caligrafia de Sally, o fato de Rosemary fazer perguntas pertinentes na aula de História Mundial. Se alguém viu algo estranho na minha campanha de apreciação sincera, eu nunca soube.

Meus elogios não eram, assegurava a mim mesmo, mera bajulação. Eu acreditava — que se dane, continuo acreditando! — que toda pessoa possui alguma coisa que valha a pena oferecer aos outros, e que nenhum prejuízo pode lhe trazer se declararmos isso a elas. Para mim, a abordagem de Carnegie produziu maravilhas; quero dizer, estabeleci uma espécie de cabeça-de-praia dentro de um idealizado, completamente estranho e selvagem mundo novo da individualidade. Tinha, na realidade, recomeçado, como ser humano. Boas coisas logo aconteceram em conseqüência a essa tentativa precoce e meio desajeitada de experimentar em mim uma nova máscara. O principal foi eu ter aprendido que é possível recomeçar com muito menos e que ninguém está necessariamente preso a uma velha máscara, caso ela seja desconfortável.

Anos mais tarde, ainda acho recomeços atrativos pelo que oferecem em termos de oportunidade de mudança, embora os primeiros dias e semanas de escola tenham seus pequenos terrores e desconfortos. Realmente, enquanto eu escrevia este texto, recebi um e-mail de uma colega dizendo que, sem dar aulas havia algum tempo, estava apavorada com seus alunos. Conheço essa sensação: aquele pavor, quando as aulas se aproximam, pela primeira vez, em setembro. Às vezes é difícil recomeçar mais uma vez, inventar tudo do zero, aprender os nomes dos alunos, apreender suas peculiaridades, do que gostam e desgostam. Há muita coisa para absorver em curto espaço de tempo. Pode deixá-lo tonto de tanta apreensão.

Ensinar e escrever têm muito em comum aqui. "Na criação", escreveu James Russell Lowell em *A Fable for Critics*, "a única coisa difícil é o começo." Na sala de aula, o reinício às vezes provoca temor. Ensinar — novamente, assim como escrever — é um bravo ato de auto-apresentação, e, a cada nova classe, a necessidade de reinventar-se é vivida, até mesmo assustadoramente, presente. De fato, bons professores não têm outra escolha a não ser considerar seu eu público como algo deliberadamente elaborado: um assunto a que pretendo me referir em detalhes mais adiante, neste livro. A sala de aula é uma espécie de teatro, e o professor deve desempenhar diversos papéis, muitas vezes de maneira exagerada: o papel de um homem sábio, tolo, sedutor, confortador, treinador, confessor. E isso é apenas para os iniciantes. (Todos logo se habituam ao fato de que há um elemento de artifício envolvido nas performances da sala de aula. De fato, não há nada *natural* sobre ensinar; um bom professor pode parecer natural, tanto quanto Michael Jordan sempre parecia quando se erguia no ar para uma enterrada ou pegava um rebote com a bola caindo do aro, fazendo um arremesso formidável. A naturalidade, contudo, é o produto de uma prática sem fim.)

Apesar do desafio de ensinar, é difícil não gostar de um emprego em que você pode recomeçar todo mês de setembro, anulando os fracassos do ano anterior e lançando-os pela janela como se fossem confete. Não é assim tão simples, claro, especialmente nos anos anteriores a que o professor obtenha sua efetivação, quando qualquer marca escura parece borrar e cobrir a página inteira da sua ficha profissional. Todavia, enganos cometidos neste estágio podem (e devem) ser encarados como oportunidades: de poder sempre ser mais bem-sucedido nessa nova rodada, de se tornar mais sábio com o desenvolvimento do repertório, mais paciente com a quantidade de alunos profundamente irritantes, mais propenso a apoiar e ser realmente útil em relação àqueles que se pode ajudar de modos concretos. Um dos grandes benefícios de ensinar é o sentimento de auto-aperfeiçoamento, de aproveitar o amadurecimento. É *sempre* possível fazer melhor na próxima vez.

Para mim, todo setembro é véspera de Ano-Novo acadêmico: um momento para resoluções corajosas que eu sei que não vou cumprir por mais convicto que possa estar ao propô-las a mim mesmo, e para novas estratégias. Por exemplo, tenho o hábito de resolver que vou me preservar o quanto possível durante o ano todo, não perdendo a energia intelectual à medida que passam os meses. Não há nada pior do que se sentir exausto em abril ou maio, sentindo-se incapaz de ler mais um trabalho ou prova sequer dos alunos. Quando o ano escolar começa, sempre juro solenemente arranjar novas maneiras de me manter escrevendo enquanto estiver lecionando, sem prejudicar nenhuma das duas atividades. E trata-se de algo incrivelmente difícil, sem dúvida, de realizar. Mas nunca perco a esperança de que no próximo ano serei capaz de fazer todos os malabarismos da minha vida complexa, e que não esperarei outro ano por uma nova chance de fazer melhor na próxima vez.

Então, Deus seja louvado pelos períodos acadêmicos, com o seu interminável suprimento de novos começos. Em tantas ocupações, o tempo simplesmente segue sempre adiante, com nada mais a esperar a não ser a morte de um superior imediato, um estranho bônus ou talvez uma doença breve e sem gravidade. (Eu ainda aprecio o frio vez por outra, quando estou doente demais para ir para a faculdade mas não tão doente que não possa ficar na cama, bebendo chá e lendo.) Na academia, o tempo é estranha e infinitamente restaurável. A lousa (em tese) é bem esfregada até ficar limpa em setembro, e todo mundo recebe uma caixa nova de lápis e um caderno em branco. Dá-se corda no relógio e os rostos diante do professor parecem jamais envelhecer (exceto nas reuniões docentes, nas quais somente aqueles que nunca perguntam coisa alguma estão sem rugas profundas na testa). Enquanto sentimentos de culpa por falhas passadas possam durar, sempre se pode redimi-las. É para isso que servem os recomeços.

Minha vida como aluno

Há mais de 30 anos tenho dedicado minha vida ao ensino. Agora que já avisto o final dessa carreira, ou preocupação, sinto-me seduzido a pensar sobre o que realizei ou deixei de realizar, o que podia ter feito melhor, o que poderia gostar de fazer nos anos que me restam em sala de aula. Eu me pego pensando, também, nos meus primeiros professores, indagando o que eles me ensinaram e o que considerei útil — ou definitivamente inútil — em seus exemplos. Tendo me dado conta do quanto é pouco o que existe de textos decentes sobre a arte de ensinar, nutro certa esperança de que minhas reflexões auxiliarão aqueles que estiverem iniciando na profissão.

Ainda me parece estranho que eu tenha acabado virando um professor. Como estudante no colégio e na faculdade, muitas vezes senti que um professor era alguém que se interpunha entre mim e minha leitura. Costumava acreditar que professores, deslealmente, tentavam controlar a essência e o ritmo do meu trabalho, o índice e qualidade de retenção, minha linha de raciocínio. Considerava tudo isso assunto privado, e ainda considero. (Se um livro fosse incluído na lista dos recomendados, minha tendência natural era me desviar dele, e não ir a ele.) Para minha sorte, alguns professores pareciam diferentes do resto. Estavam genuína e profundamente interessados no que ensinavam, e eu sabia que estariam focados no assunto diante deles ainda que a classe subitamente se dissolvesse perante os seus olhos. Esse assunto, essa matéria, era a vida deles. E nunca tentaram controlar o meu pensamento; ao contrário, eles me conduziam com considerável sutileza em direções que eu achava desafiadoras, mesmo que nem sempre agradáveis. Em suma, por razões muito difíceis de explicar, ou impossíveis de explicar, eu precisava de um leve empurrão, e foi o que me deram.

Sempre tive minhas restrições quanto a considerar a sala de aula um lugar para testar a inteligência, para separar os "bons" dos "maus" estudantes. A idéia do mundo acadêmico como um lugar de competição me dava repugnância. Para ser franco, ainda o faz, e nunca me sinto à vontade com estudantes e colegas que parecem excessivamente interessados em notas, em erguer barreiras para serem transpostas. Odeio provas, e acho argüições irritantes — tanto para mim quanto para os alunos que se submetem a isso. O ensino baseado em provas me parece antieducacional, uma espécie de jogo desagradável que subverte o verdadeiro sentido da educação: despertar um estudante para o seu potencial e perscrutar uma matéria de considerável importância sem restrições impostas por qualquer coisa, exceto as demandas inerentes à matéria em si. Todo o direcionamento da educação nos Estados Unidos, submetendo a rígidas provas os alunos e, agora, até mesmo os professores do ensino secundário, parece pessimamente orientado e um desastre para o aprendizado.

Devo dizer que desenvolvi essa suspeita sobre a sala de aula honestamente. Minha família, como dizem, não tinha instrução. Quero dizer, não haviam se submetido aos rituais acadêmicos de praxe, pelo número prescrito de anos. Meu pai, filho de imigrantes italianos de Roma e Ligúria, abandonou a escola aos 12 anos e, para ajudar a família, foi trabalhar nas fazendas locais, colhendo feijões. Posteriormente, retomou sua educação até certo nível, obtendo o que equivaleria a um diploma de segundo grau completo; porém, não era, de modo algum, "instruído". O único livro que estudou com seriedade foi a Bíblia. Minha mãe abandonou os estudos depois da 8ª série para trabalhar como garçonete numa lanchonete, apesar de haver desenvolvido um amor pela leitura que jamais arrefeceu. Era bastante inteligente, mas não tinha vontade alguma de determinar a orientação dos meus estudos. Tampouco meu pai, que deixou a mim mesmo esse encargo. Educação era assunto meu, e eu poderia ser bem-sucedido ou malsucedido sem ninguém acima de mim me conduzindo — se bem que os meus pais estavam sem dúvida comprometidos com a noção de que eu deveria receber educação, e sempre me apoiavam nisso.

A Alexander Hamilton #19, uma escola primária da classe operária em Scranton, Pensilvânia, empoleirava-se no topo de uma colina a apenas alguns minutos de caminhada de minha casa. Minha mãe freqüentou-a 30 anos antes, e a escola não recebera manutenção adequada entre aquela época e quando eu entrei para lá. As paredes e os tetos estavam rachados, assim como muitas das janelas; não havia nada de alta tecnologia em qualquer coisa que se referisse à escola.

O seu currículo não provia um passo inicial na estrada destinada à erudição, e nada havia dos efeitos especiais que se vêem na maioria das escolas primárias: salas de ginástica e livrarias, aparelhos de vídeo, computadores. Achando a escola desagradável sob todos os aspectos imagináveis, eu fugia dessa minha penitenciária de todos os dias sonhando acordado. Como se pode imaginar, debati-me ao longo dos primeiros seis anos, lendo e escrevendo sem qualquer êxito particular. Uma timidez dolorosa e aguda sobressaltava-me na maioria dos dias, e eu raramente erguia a mão para responder a uma pergunta lançada por algum professor, nem, aliás, passava muito tempo conversando com qualquer pessoa. Depois das aulas, usualmente, voltava para o pátio da escola, onde treinava basquete sozinho e só vez por outra entrava naqueles bate-bolas em que escolhem quem vai jogar ou não numa partida.

Por razões que fogem ao meu entendimento, desenvolvi um sentido silencioso da minha própria voz e acreditava que era inteligente — a despeito daquilo de que o sistema escolar tentava me convencer. Lembro-me nitidamente da transição para a West Scranton Junior High, que, junto com o ensino médio, formava um complexo de vários milhares de estudantes, a maioria deles obcecada pelo time de futebol, que era bem cotado entre as equipes do estado, em grande parte por causa de Cosmo Iacavazzi, um jogador de admirável força e determinação.

Eu costumava ficar na beira do campo de treinamento até muito depois de o resto do time ter ido embora para casa só para ver Cosmo treinar. Ele me fascinava: um sujeito razoavelmente baixo, muito inteligente e dedicado, que parecia nunca se cansar de repetir exercícios. Ele martelava seu corpo durante horas numa prancha acolchoada que absorvia o seu ataque frontal. Feroz, sem medo, disciplinado ao extremo, capaz de estabelecer difíceis metas atléticas para si mesmo, ele era inteiramente diferente de todo mundo que eu conhecia. Eu não era, propriamente, um atleta bom o bastante para aspirar a qualquer coisa que se assemelhasse à glória; no entanto, vi que a determinação era uma virtude, e acreditei que alguém poderia conseguir resultados interessantes esforçando-se tenazmente, mantendo-se concentrado no seu objetivo, recusando-se a desistir.

Eu não estava efetivamente capacitado a transferir esta lição de tenacidade para a sala de aula: simplesmente não tinha aquele tipo de tenacidade, e ainda não confiava no sistema acadêmico. Porém, freqüentemente, procurava a biblioteca pública depois da escola, tendo descoberto a leitura quase acidentalmente, na 7ª série, durante um horário para estudo, quando encontrei uma edição do *David Copperfield* na carteira onde estava sentado e, sem nada melhor para fazer, comecei a ler o primeiro capítulo. Algo deu um clique, levei o livro para casa e acabei de lê-lo. Durante anos, eu vinha lendo somente livros que me eram recomendados pela Sra. Godfrey, uma bibliotecária idosa com cabelos muito brancos. Lembro-me de ter lido vários outros livros de Dickens, assim como de Sir Walter Scott, Edgar Allan Poe, John Steinbeck e Robert Frost — o último transformou-se numa paixão que nunca me abandonou. (De fato, acabei me mudando para Vermont porque amava Frost e quis viver no mundo físico que ele evocou naqueles poemas.) Também li um monte de biografias, ávido por saber como homens jovens se estabeleciam no mundo. Ben Franklin, Abe Lincoln e Charles Dickens eram meus heróis. Gostava de histórias sobre heróis esportivos também, já que eu jogava muito beisebol e basquete. Quando entrei para a 9ª série, tinha certeza de que me tornaria um escritor, se bem que muitas vezes pensava que também podia fazer outras coisas, tornando a literatura uma espécie de vocação secreta. Ser professor era algo que nunca atravessou meus pensamentos.

Alguns professores conseguiram capturar minha instável atenção, e eu me lembro de dois carinhosamente: Jim Loftus e Alberta Mayer. Eles viram que eu era sério e inteligente, se bem que necessitasse de alguma orientação, e me conduziram em direções úteis. Foi principalmente a postura deles diante da vida intelectual que me impressionou.

Jim Loftus era um veterano naval da Segunda Guerra Mundial, um impetuoso democrata que acreditava apaixonadamente no sindicato dos professores. Era também um prematuro oponente da Guerra do Vietnã, o que em 1965 o tornava um cavaleiro solitário num lugar como Scranton, Pensilvânia. Eu escutava avidamente os seus sermões antibélicos na classe, e subitamente entendi que professores eram — ou podiam ser — pessoas com sentimentos verdadeiros, que se interessavam por idéias e que tais idéias poderiam contrariar as tendências dominantes. Demorei um pouco, porém no final vim a compartilhar dos sentimentos de Jim sobre essa guerra. Jim era um professor tranqüilo, com um jeito frio de encarar fixamente as pessoas, que eu com freqüência irritara. Ele se considerava um intelectual entediado com o mundo, que tinha de certa forma de tolerar seus alunos, e eu gostava daquele estilo. Gostava do seu sarcasmo e ceticismo, que ele não fazia questão de disfarçar. Ele me chamava de "Sr. Parini" na sala de aula, com um tom ligeiramente irônico em sua voz. Eu gostava disso também, e achava útil, às vezes, referir-se a um estudante com um título. (Há uma garota no meu atual seminário do último ano a quem sempre trato como Baronesa.)

Já a Srta. Maher, minha professora do último ano de inglês, que introduziu Eliot e Yeats em minha vida, nunca era irônica. Ela podia mostrar-se matreira, com ar superior, sem o distanciamento que era parte do estilo de Loftus. Seu jeito de falar rápido e o óbvio entusiasmo pela literatura que ensinava serviram de modelo perfeito para mim nos primeiros anos na sala de aula: tornei o entusiasmo um hábito, e sempre procuro textos para discussão que reforcem essa abordagem. E funciona, devo dizer: os alunos sempre dizem que apreciam um professor que tenha paixão pela matéria, alguém que comunica as razões de sua paixão. "A literatura", a Srta. Maher costumava dizer, ou declamar, "provê opções para viver." Eu acreditava nela e ainda acredito. Na verdade, com freqüência digo a mesma coisa aos alunos, e tento fazê-los ver que textos literários — poemas, romances e peças teatrais — podem sugerir direções para o pensamento e ações que podem não ter lhes ocorrido antes.

Quando recordo a minha acidentada passagem pela escola primária e, num menor grau, os meus anos cambaleantes até a 8ª série, acho difícil explicar o que deu tão errado. Problemas fisiológicos e psicológicos tiveram alguma influência na minha desatenção, minha distração, minha inabilidade para ler e fazer contas. Hoje em dia, os psicólogos escolares identificam qualquer espécie de problemas, incluindo dislexia e vários distúrbios da atenção. Eu sei que a minha atenção era difícil de atrair, e muitos professores teriam encontrado em mim uma noz difícil de quebrar.

As coisas começaram a engrenar para mim mais ou menos na 8ª e 9ª séries, quando a minha capacidade de leitura deu um salto à frente e eu comecei a escrever em tardes e fins de semana por prazer: poemas, histórias, ensaios. Não sei por que tão subitamente comecei a escrever; não havia estímulo óbvio algum para isso. Porém o impulso veio, e fiz uso dele. Até descobri, para meu espanto, que podia lidar com fórmulas de matemática mais complexas, tais como geometria, mais facilmente do que as de aritmética básica. Eu passava por alto matérias que não despertavam o meu interesse, tais como ciências básicas, para me deter em outras que me estimulavam: literatura inglesa e americana, história e política, francês. Gastava muito tempo com o clube de teatro, atuando em peças. (Descobri que possuía uma habilidade nata para prender a atenção das pessoas, e aqui, eu suspeito, acha-se o fundamento da minha inclinação para o ensino.) A despeito de um histórico irregular — as transcrições das minhas notas parecem oscilações traçadas por um péssimo cardiógrafo —, consegui entrar no Lafayette College, a universidade que era minha primeira escolha, e fiquei deslumbrado com minha boa sorte. Fui o primeiro membro de minha família a pisar num campus de faculdade, e havia algumas celebridades por lá.

O Lafayette conquistou minha imaginação desde o primeiro instante. Era uma bela e pequena universidade fundada em 1826, e o campus era cravado no topo de uma colina que dava vista para Easton e o rio Delaware. Pela primeira vez, eu estava no meio de gente que gostava de falar seriamente sobre literatura e política, e ficava sentado lá no meu dormitório de calouro, até as duas da madrugada, discorrendo sobre grandes idéias. Comecei a pensar em mim como alguém com aspirações intelectuais, e fiquei completamente fascinado quando Paul Goodman veio ao campus. Ele fez uma palestra para um pequeno grupo sobre um tema que era algo como "a vida do intelecto" e deixou-me impressionado. Comprei e li meia dúzia de seus livros, inclusive *Growing Up Absurd* e *The Community of Scholars*. Goodman sugeriu que eu lesse Joseph Campbell, e pus as mãos sobre *The hero with a thousand faces*, que li avidamente.

No entanto, meu ano de calouro mostrou-se árduo. Jamais havia me concentrado nos detalhes da escrita de um modo que qualquer professor universitário de inglês que se preze pudesse achar aceitável. Eu soletrava como Scott Fitzgerald e pontuava como William Faulkner, que é o mesmo que dizer que o caos reinava em ambas as áreas. Nunca aprendi a estudar sistematicamente, e o conhecimento como um todo parecia-me complicado demais, até mesmo além do meu alcance. A verdade é que eu mal conseguia me manter acordado tentando estudar uma matéria pela qual já não me interessasse, e facilmente saía do ar. Minha sorte era ser curioso a respeito do mundo, e achava que algo do que era exigido ler sempre tinha alguma coisa na prática que acabava me interessando. Assim, consegui avançar com a leitura de livros sobre a história e política americanas com especial atenção, tentando decifrar como os Estados Unidos tinham se metido na infeliz situação em que estavam — como a da Guerra do Vietnã, que se tornou uma preocupação mais ou menos depois de 1966 e deu o tom de tudo o que eu lia.

O meu gosto por leitura expandiu-se para incluir teoria política e relações internacionais, se bem que nunca tenha cursado essas matérias. Associei-me a várias organizações contra a guerra, tais como a Estudantes a Favor de uma Sociedade Democrática. Freqüentei grupos de estudo e assembléias políticas, e comecei a ler *The Nation* e outros periódicos. A maior parte da minha vida intelectual, contudo, ocorria fora das fronteiras da sala de aula, se bem que tenha achado alguns de meus cursos interessantes e estivesse aprendendo a aderir às convenções de ortografia, pontuação e sintaxe. Também estava aprendendo a argumentar por escrito: principalmente porque eu tinha pontos sobre a guerra que sentia necessidade de tentar desenvolver.

Uma das decisões cruciais que tive de tomar nessa ocasião foi a de passar o meu penúltimo ano de faculdade em St. Andrews, na Escócia. Sabia muito pouco sobre a Escócia e essa universidade em particular quando embarquei, num pequeno transatlântico de Gênova, no outono de 1968. Lembro que li o estudo sobre Karl Marx de Isaiah Berlin, um livro sobre a história da Tchecoslováquia e *O estrangeiro*, de Albert Camus, durante a travessia do transatlântico, que levou seis ou sete dias. Nesse período, comecei a fazer um diário, um caderno de espiral barato no qual escrevi esboços absolutamente toscos de poemas, alguns parágrafos de prosa canhestra, títulos de livros que eu poderia algum dia escrever, citações e uma miscelânea de anotações. Nas décadas que se seguiram, jamais deixei de manter um diário, e com freqüência escrevo alguma coisa em suas páginas. De vez em quando, copiava algum dos meus poemas favoritos, de outros escritores, ou fragmentos de poemas. Com freqüência também anotava coisas que escutava outros dizerem — uma conseqüência, talvez, de escrever em restaurantes.

Eu me recordo com a mais pura nitidez da noite em que cheguei a St. Andrews no trem vindo de Leuchars Junction (uma estação que não existe mais). Fiquei caminhando para cima e para baixo nas três principais ruas da cidade, e todas convergiam para a catedral arruinada e para a St. Rules Tower: umas ruínas mal-assombradas de arquitetura medieval. Desci para a baía abaixo da catedral, caminhei até o final de um píer de pedra e me sentei contemplando, por sobre uma extensão de água escura, o céu repleto de estrelas. O ar era salgado e frio, e eu podia escutar o barulho da água batendo contra os rochedos. Era revigorante e, curiosamente, familiar, embora eu nunca tivesse estado naquele lugar. St. Andrews, já desde o início, foi como um lar.

A minha inclinação por poesia e ficção aprofundou-se consideravelmente durante o meu penúltimo ano de faculdade. Havia bastante atividade em cultura intelectual no salão de reuniões de minha residência, St. Regs, e eu escutava avidamente os companheiros estudantes quando eles falavam a respeito de Eliot e Yeats. Recordo, particularmente, uma noite quando um estudante mais velho entrou em meu quarto e leu, com um sonoro sotaque escocês, "The Love Song of J. Alfred Prufrock". A sua leitura daquele poema, com uma voz adequadamente dramática, causou-me maior impacto do que qualquer curso de poesia que jamais tive e, até hoje, encaro a leitura em voz alta para os meus alunos de poesia e ficção como uma das coisas essenciais que faço em sala de aula. O que eu tento transmitir nessas leituras é o *tom*, a postura do sujeito que fala no texto em relação ao material em mãos. No decorrer dos anos, um surpreendente número dos meus alunos afirmou para mim que havia aprendido a ler mais apuradamente ao me escutar ler em voz alta.

Durante o meu primeiro período em St. Andrews, tive a felicidade de contar com um jovem tutor chamado Tony Ashe, cujos seminários ocasionavam aguçadas e enérgicas confrontações com uma grande variedade de textos, desde Pope e Wordsworth a Eliot e Yeats. Tony apresentou-me a Gerard Manley Hopkins, um poeta que parecia quase ter reinventado o mundo físico com a sua linguagem, tanto em seus diários quanto em seus poemas, dando-lhe frescor e tangibilidade. Tony tratava cada membro do seu seminário com uma respeitosa deferência, esperando que os estudantes dissessem coisas inteligentes e sérias e que descobrissem maneiras pelas quais o texto estudado corporificasse, ou simbolizasse, experiência. Ele estava trabalhando com as teorias do Novo Criticismo, tendo estudado em St. Andrews e Oxford durante a década de cinqüenta e início dos anos sessenta, quando

Empson e Leavis estavam no auge da moda. Conservando essa tradição, muitas vezes despojava os poemas dos seus contextos histórico/biográfico, como I. A. Richards tinha feito em Cambridge na década de vinte. Olhando para trás, vejo que minha vida de professor começou ali, em torno de uma mesa de carvalho muito bem envernizada em Castle House, onde as altas janelas vigiavam o gelado mar do Norte e um enorme céu de cobalto. Pela primeira vez, eu me sentia expressando-me articuladamente numa sala de aula, debatendo assuntos que prezava e eram relevantes para a minha vida intelectual e espiritual. A intensidade desta experiência foi transformadora.

Desenvolvi um gosto pela literatura crítica naquele ano, lendo Cleanth Brooks e Robert Penn Warren, John Crowe Ransom, Allen Tate, Leavis, Empson, e muitos outros. Ao mesmo tempo, li muitas obras de Bertrand Russell, cuja oposição à Guerra do Vietnã chamou minha atenção. Sua autobiografia em três volumes, que achei extremamente interessantes, tornou-se básica na minha vida intelectual e emocional. O primeiro volume abre com uma frase que decorei: "Três paixões, simples porém esmagadoramente fortes, têm governado a minha vida: a ânsia de amar, a procura por conhecimento e a insuportável piedade pelo sofrimento da humanidade." Até hoje eu não seria capaz de imaginar paixões mais nobres e úteis. Nessa época, também li muitos dos ensaios provocantes de Russell sobre uma ampla extensão de tópicos, e comecei a modelar minha prosa pela dele, forjando um estilo que favorecia clareza e equilíbrio, uma certa leveza e vivacidade, concisão tanto quanto concretude.

Instintivamente, antipatizei com a intrincada, obscura e deselegante prosa de Leavis, da mesma maneira que têm me desagradado muitas críticas escritas nos Estados Unidos nas duas últimas décadas. Ainda releio Russell de vez em quando, apenas para me enraizar de novo em sua firmeza intelectual e sua coragem moral. (Claro que li as biografias recentes de Russell, e sei que ele dificilmente seria um modelo de integridade, porém me prendo àquela sua frase. Os seus ideais eram elevados; se falhou em viver de acordo com eles, foi apenas porque era um ser humano.)

Retornei a Lafayette sentindo-me um intelectual, uma pessoa para quem idéias e textos eram cruciais. Também comecei a pensar em mim como poeta, tendo assumido a composição de versos com um sentimento de vocação enquanto estava no exterior. Embora tivesse escrito poemas no secundário e durante meus primeiros dois anos na faculdade, não me considerava alguém para quem a composição de poemas fosse uma atividade necessária. Mas, agora, era. Assim, matriculei-me em cursos, no meu último ano, tendo em vista aprofundar minha educação como poeta. No centro desta estava um curso de um ano sobre a história da literatura ocidental com um professor brilhante chamado W. Edward Brown, então com quase setenta anos. Ele era um classicista por formação, graduado pela Yale. Lia literatura francesa, italiana, alemã, espanhola e russa no original com nítida facilidade, e escreveu uma brilhante história da literatura russa anterior ao século XIX. Tinha também traduzido Rilke em verso, e escrito bastante sobre a poesia italiana. Foi, creio eu, o homem mais erudito que já conheci.

O primeiro texto importante que estudei com Brown foi de Homero, com quem ele tinha uma afinidade particular. Lia em voz alta em grego, traduzindo enquanto ia lendo. Lembro de mim lendo *A Ilíada* noite adentro, na tradução de Lattimore, com lágrimas nos olhos, atordoado pela beleza e pela visão trágica impregnada naquelas páginas. Dali, passamos para *A Odisséia*, depois Virgílio, Dante, Cervantes e Goethe. "Estou transmitindo a vocês uma visão panorâmica da literatura ocidental", o Dr. Brown diria para a classe. "Quando se formarem, podem começar a visitar estes lugares *in loco*. A paisagem mudará, mas pelo menos vocês saberão onde os picos das montanhas ficam e onde podem encontrar as capitais de cada província." Era coisa já fora de moda, porém intensamente estimulante.

Eu visitava algumas vezes o Dr. Brown, à tarde, para o chá. Ele morava sozinho, numa casa imponente, cheia de livros. Esse foi o meu primeiro vislumbre da vida do erudito, e eu estava deslumbrado. Falei-lhe sobre os críticos que havia trazido comigo de volta da Escócia: Empson, Leaves e Richards. Ele balançou a cabeça desdenhosamente e colocou Eric Auerbach e Ernst Curtius nas minhas mãos. "Isto aqui é o melhor da crítica moderna", ele disse. Explicou-me o que chamava de "crítica filológica ou histórica" e insistiu comigo para que eu pensasse em termos mais amplos, que historicizasse as obras de literatura, que estudasse um gênero em seu desenvolvimento de uma época para outra. Também me introduziu a George Saintsbury, o grande historiador escocês de literatura, que tinha escrito três volumes sobre a história da prosódia inglesa.

Por estranho que pareça, o Dr. Brown não era dotado de uma performance extraordinária em sala de aula. Ele lia suas aulas de preleções densamente preparadas, raramente fazendo pausa para destacar qualquer coisa, ou mudando o tom de sua voz. Tossia — ou pigarreava — a cada dois minutos ou pouco mais. Era bastante irritante. Porém, sua erudição, sua paixão pela literatura e suas idéias eram evidentes, e os estudantes tinham admiração por ele, até mesmo o adoravam. A principal lição que aprendi desse importante professor foi que o conteúdo importa mais do que qualquer outra coisa. Não há como falsificar a substância de um curso, e se deve sempre ensinar a partir do centro da matéria, confiando na matéria para conduzir a classe à frente, para estimular os estudantes. Já tive épocas em minha vida de professor em que não confiava na matéria que tinha para ensinar e — acredite-me — os estudantes notaram. Havia alguma coisa evasiva na minha maneira de ensinar, especialmente nos primeiros anos. Sempre usei as lembranças que guardo de Edward Brown como maneira de me lembrar de me ater à essência intelectual de cada curso, e deixar a verdade e a beleza do material falarem por si próprias. Em alguns aspectos, os melhores professores são aqueles que dão passagem, deixando a matéria dominar, deixando-a brilhar. Isso requer habilidade e fé, porém é a única maneira de ser bem-sucedido como um professor.

Fiz cursos sobre Shakespeare e Milton com outro inspirado professor, James Lusardi. Um homem alto, teatral, que tinha predileção por usar suéteres de gola rulê e sapatos de camurça. Costumava ler longas passagens das peças, representando os diferentes papéis, mudando sua voz para combiná-la com o personagem; ele recitou *Paraíso perdido* com uma verve peculiar, e eu não consigo ler aquele épico até hoje sem escutar os versos na voz ressonante de Jim. Nós nos reuníamos em seminários na casa dele, bem junto ao campus, bebendo garrafas de cerveja, enquanto discutíamos *Lear* ou *Samson Agonistes*, ultrapassando em muito o tempo que fora designado para o trabalho. Com freqüência, eu ficava por lá depois que o resto da classe tinha ido embora, sentado à mesa da cozinha com uma garrafa de gim. Com muita ansiedade, eu lhe mostrava os meus novos poemas. Ele sempre começava nossas sessões particulares lendo meus poemas em voz alta, exatamente como tinha lido Shakespeare ou Milton. Que ele levasse a sério minha poesia era, certamente, um elogio. Comecei a levar-me a sério também, então, aprendendo que se deve sempre tratar o trabalho de um estudante com o máximo de seriedade. (Sempre fiz questão de ler os poemas dos alunos em voz alta no meu escritório: a experiência, para eles, pode ser um auxílio incomum.)

A Guerra no Vietnã ampliou-se horrível e devastadoramente. Eu marchei em Washington e ajudei a organizar protestos em Lafayette e no nordeste da Pensilvânia. Discursei em assembléias e debati com estudantes favoráveis à guerra em foros públicos. Foi inspirador para mim que os meus professores se sentissem tão ultrajados contra a injustiça e as crueldades dessa guerra quanto eu. Com freqüência, traziam à tona a guerra nas aulas de literatura, considerando os grandes escritores — Homero, Virgílio, Milton, Wordsworth — como seres humanos fundamentais, e portanto relevantes para a conduta de vida no século XX. Lembro de ter lido em voz alta *Prelúdio* de Wordsworth para um pequeno círculo de amigos, depois discutido as suas posturas em relação à Revolução Francesa, comparando-as aos nossos sentimentos relacionados ao Vietnã. Amei, em particular, o sétimo livro, que em parte diz respeito à visita do jovem poeta à França revolucionária, sobre a qual ele escreveu: "Uma bênção foi naquele amanhecer estar vivo/ Porém ser jovem era o próprio Céu!"

Minhas notas no meu último ano decolaram, juntamente com meu recém-descoberto compromisso com questões intelectuais. Parecia natural que eu devesse continuar meus estudos e que devesse retornar a St. Andrews, onde eu esperava recontatar Tony Ashe. O programa de graduação ali me convinha: a pessoa ficava apenas escrevendo sua tese, trabalhando a maior parte do tempo por sua própria conta.

Retornei a St. Andrews no final de setembro, ansioso para iniciar o meu trabalho de graduação — a tese do meu bacharelado em filologia sobre Gerard Manley Hopkins. O diretor do Departamento de Língua Inglesa — meu orientador — era chamado, simples e reverentemente, de O Professor. Naquela época, havia apenas um professor, a pessoa que dirigia o departamento. Era assim em todos os departamentos: um professor para cada matéria. Todos os demais trabalhavam como seus assistentes. No Departamento de Língua Inglesa, isso incluía Tony Ashe. Todos nós falávamos com uma espécie de afeição perplexa sobre O Professor, A. F. Falconer. Ele era pequenino, enrugado, com os cabelos compridos e um jeito distraído. Parecia-se muito com Shakespeare no famoso esboço: face magra, nariz comprido, testa alta. O seu terno frouxo e listrado parecia ter sido feito para um homem muito mais alto e mais robusto, as mangas ultrapassavam as palmas das mãos, as bainhas das calças cobriam os sapatos. Ele era um estudioso de Shakespeare sem grande reputação, autor de um excêntrico livro chamado *Shakespeare e o mar*, no qual argumenta que, durante os anos perdidos da vida do bardo, ele deve ter sido um oficial da Marinha Real, ou de outra forma não poderia ter adquirido tanto conhecimento sobre os hábitos de tipos com vivência no mar, tais como Otelo. Uma admirável, ambígua e enfática chamada na sobrecapa sugeria que o livro devia ser "colocado na prateleira de todos os homens do mar e ser mantido ali". O Professor, depois desse tomo, publicou um estudo ainda mais bizarro e idiossincrásico: *Um glossário de ciência de artilharia e termos navais em Shakespeare*.

Para falar a verdade, eu gostava do velho Falconer, e costumava parar para conversar em seu ventilado escritório em Castle House. Seus pontos de vista sombriamente negativos sobre certos autores como Joyce e Virginia Woolf eram, eu admito, divertidos. Quando eu sugeria que os estudantes podiam gostar de *Dublinenses*, ele respondia gravemente: "Eu concordo inteiramente, porém isso poderia encorajá-los a ler mais Joyce." Ele considerava C. S. Lewis "uma grande fraude que tinha embarcado no bonde da banda cristã" e adorava as novelas de Hugh Walpole, "certamente o melhor dos modernos". Ele reputava que, entre os poetas modernos, Robert Bridges era a vanguarda. "O seu *Testament of Beauty* supera *Wasteland*", dizia com freqüência. Olhando agora para trás, vejo que ele estava nos estágios iniciais de Alzheimer na época em que trabalhamos juntos, o que pode ser a causa de seus comentários estranhos sobre meu trabalho. Lembro-me de ter-lhe dado um capítulo de minha tese na qual a palavra "masturbação" aparecia. Falconer traçou uma linha grossa cortando a palavra ofensiva e escreveu acima dela, com sua meticulosa caligrafia, "prazer dirigido a si mesmo". O seu poeta favorito, além do bardo de Avon, era Rupert Brooke, esse Adônis entre os poetas que perdeu sua vida na Grande Guerra.

Embora oficialmente eu fosse um aluno de Falconer, estava na realidade trabalhando com Tony Ashe, que me orientou vivaz e inteligentemente por toda a minha tese de bacharelado em filologia sobre Hopkins e minha tese ph.D. sobre Theodore Roethke. Como me queixei a ele sobre as más condições no alojamento da pós-graduação, onde estava morando, convidou-me para ocupar o andar de cima de sua casa: um conjunto de quartos com banheiro separado. Foi com alegria que me mudei para lá, indo morar com ele e sua esposa, Sue, e seus quatro filhos pequenos. Tornei-me um membro da família.

A hora do almoço na casa de Ashe em North Street acabava sempre se transformando em um seminário móvel e vários amigos e membros da equipe — na sua maioria estudantes como eu — traziam algo para o almoço: latas de atum, fatias de pão, nacos de cheddar, pacotes de sopa instantânea. Para sobremesa, tínhamos o que chamávamos de "pudim químico" — um doce que era uma substância grudenta que vinha em vários tons pastel. Conversávamos e fazíamos piadas sobre tudo — desde literatura e acontecimentos recentes a história e artes; eu obtive uma imensidão de conhecimentos históricos e literários naqueles almoços. Quando literatos visitantes passavam pela cidade para fazer conferências ou leituras, muitas vezes se juntavam a nós para almoçar, inchando a multidão, acrescentando nova dimensão à conversação. Entre os poetas que passaram pela porta da frente azul da North Street estavam Alastair Reid, Seamus Heaney, Edwin Morgan, Stephen Spender, Iain Crichton Smith, Norman MacCaig, Philip Hobsbaum e Anne Stevenson.

Foi durante o meu primeiro período letivo como estudante de graduação, em 1970, que o Professor Falconer me chamou, inesperadamente, certa noite, para perguntar se eu gostaria de dar aulas a um grupo de estudantes do segundo ano, que estava principalmente interessado na poesia inglesa do século XVIII. Eu prontamente aceitei, feliz com a perspectiva de conduzir uma discussão sobre James Thomson ou Alexander Pope. Começando no período de Saint Martin, que se iniciava a 11 de novembro, eu me encontrava duas vezes por semana com uma pequena turma, servindo-lhe como tutor, e uma vez por semana individualmente com cada estudante para discutir o trabalho que estivessem fazendo, um ensaio de três páginas sobre o texto da semana. Durante o segundo período, que se iniciava em 2 de fevereiro, a amplitude do meu trabalho como professor alargou-se quando me convidaram para fazer palestras para a classe inteira do segundo ano, que contava com cerca de 200 estudantes. A minha primeira palestra, num congelado salão do século XV, foi sobre Hopkins, e foi proferida, palavra por palavra, a partir da leitura de um texto cuidadosamente datilografado — até mesmo as citações foram datilografadas. Continuei a dar palestras e a tutorear alunos durante o ano inteiro, sem pagamento nem *status* oficial. Durante o meu segundo ano de graduação, O Professor tratou de me arranjar uma bolsa de ensino, que propiciava uma modesta remuneração. Foi meu começo, e muito bom, por sinal.

No decorrer de cinco anos, conduzi incontáveis tutoriais e seminários, além de dar conferências formais sobre Chaucer e Shakespeare, peças de Ben Jonson, os poetas metafísicos, Pope e Sterne, Austen, Wordsworth, Hardy, Eliot e Yeats — apenas para mencionar algumas das figuras principais sobre as quais fui requisitado a ministrar aulas. Lembro-me de uma vez ter apresentado uma série de conferências para a Junior Honors Class sobre poetas escoceses medievais, porque o especialista titular dessa matéria estava doente. (Meu sotaque escocês causava infindável divertimento para os alunos, e eu insistia em ler enormes passagens dos poemas em voz alta.) Seja como for, consegui lidar com tudo isso, embora algumas vezes mal, e completei minha formação na faculdade lendo livros com o objetivo de ensinar a meus alunos. Era encorajado pelos colegas, um dinâmico grupo de jovens tutores, a ler bastante dos críticos populares do momento. Também li o trabalho crítico dos principais poetas críticos: Ben Jonson, Dr. Johnson, Coleridge, Matthew Arnold e Eliot. Eliot, em particular, preencheu-me com uma quase visceral excitação, enquanto ia fazendo anotações nas margens dos seus arrebatados, afetados e eruditos ensaios. (Releio *A floresta sagrada* todo ano ou quase, apenas para me realimentar daquela energia.) Talvez por emulação a Eliot (e de Pound, a quem também li muito), assisti a conferências e seminários nos departamentos clássicos, estudando latim e literatura grega com alguns eruditos de primeira ordem.

Minhas aulas e palestras caminhavam sempre lado a lado com minha educação autodidata como poeta. Lia e discutia poemas para entender melhor como poetas alcançam certos efeitos retóricos, e ver que tipos de poemas poderiam ser criados a partir de determinados temas. Adorava examinar detidamente os poemas, descer aos detalhes mais básicos da versificação. A mecânica da composição poética e o uso dos diversos padrões formais tornaram-se uma segunda natureza para mim. Tornei-me capaz de usar esse conhecimento recém-adquirido ao escrever sobre Hopkins e Roethke, os quais davam muita atenção às convenções da poesia. Eu gostava da noção do poeta como artesão, e levava a sério toda a perícia envolvida no ofício. Devo ter escrito centenas de medíocres sonetos e vilanelas, sestinas e congêneres, sempre confiante que nenhum trabalho nesta veia é sem sentido; o poema medíocre torna possível, com o tempo, o bom poema.

Habituei-me a escrever poemas pela manhã, quando ia a uma casa de chá, virando a esquina, e trabalhava usando um barato caderno de espiral. Quando não estava escrevendo, nem ensinando, nem em compromissos sociais, pesquisava para escrever a minha tese, com pausas para ler durante semanas em direções que pareciam relevantes ao meu trabalho. Por exemplo, li bastante Jung e Freud no início da década de setenta, já que Roethke os estava lendo e utilizando suas idéias em sua poesia. Adquiri o costume de trazer para minhas aulas matérias que se conectavam diretamente ao assunto que estava lendo e sobre o que estava pensando naquele momento, consciente de que nunca poderia manter o espírito na turma se não estivesse genuinamente trabalhando por meio das minhas idéias *com* ela. Quando dava palestras, permitia que minhas preocupações dominassem a matéria, preferindo conversar sobre o tema que realmente me interessava em vez de me ater ao que estava prescrito. Embora não possa ter certeza, acho que os estudantes respondiam bem àquelas aulas. Pelo menos, aqueles que permaneceram em contato comigo disseram isso.

Comecei a admirar a postura britânica em relação ao ensino. Os estudantes universitários lá eram tratados como adultos, e deixados à vontade com seus projetos próprios. O que o professor provia era um modelo de curiosidade intelectual. As preleções eram extremamente bem preparadas, porém opcionais para os estudantes. As discussões no seminário se concentraram invariavelmente num texto em particular. Os tutoriais eram centralizados no que quer que o estudante tivesse escrito. Não tenho dúvidas de que o ensino na universidade tivesse muitas falhas — não é o que sempre acontece? —, mas possuo um faro para maus professores e os evito; eu largava um ciclo de conferências rapidamente se descobria que o professor era chato ou estava despreparado. Eu ministrava palestras meticulosamente elaboradas, lendo minhas primeiras preleções palavra por palavra, fazendo pausas aqui e ali para fornecer um exemplo a mais. Aprecio o aspecto de performance, o que Wittgenstein chamou de "ostentação", ou "exibição", e me esforçava para "representar" um poema ou cena de uma peça ou novela. Também parecia importante entreter a platéia estudantil, de forma que freqüentemente implantava sugestões oportunas para brincadeiras nas margens das palestras e dos textos. Muito recentemente, encontrei um antigo exemplar de *Poemas selecionados* de Wordsworth com nota execrável ao lado de "O velho mendigo Cumberland": CONTAR SOBRE O INCÊNDIO NA CLÍNICA DE REPOUSO. Momentos de comicidade para aliviar o ambiente, oferecendo uma pausa decisiva para o fluxo da instrução, pareciam cruciais para garantir a atenção de uma turma grande. Até hoje, eu improviso piadas ou casos divertidos em vários momentos de minhas palestras, apenas para me assegurar de que tenho a atenção dos estudantes, que sempre esperam, em qualquer dos meus cursos, tanto altas risadas como um sério trabalho intelectual.

Por vezes, eu me aventurava além de St. Andrews em experiências acadêmicas. Certa vez, passei vários meses em Oxford, fazendo pesquisas sobre Hopkins, e aproveitei a ocasião para assistir por lá a algumas boas conferências. Já tinha encontrado-me com Sir Isaiah Berlin, o grande historiador intelectual, quando este selecionava em St. Andrews, e fizemos contato posterior em Oxford. Ele era um orador brilhante e um conferencista carismático. Assisti a muitas das conferências que realizou e, com freqüência, encontrava-me sentado em sua sala de aula em All Souls College. Nossas conversas oscilavam amplamente entre os terrenos da literatura, política, filosofia, e, constantemente, ele me arrastava para algumas livrarias. Eu assisti a seminários do filósofo P. F. Strawson, cuja rigorosa austeridade na abordagem à matéria em pauta às vezes tornava-se assustadora. Travei muitas conversas refinadas sobre pesquisa biográfica e ensino com Richard Ellman, o biógrafo de Joyce, Yeats e Wilde. Oxford exercia um forte efeito sobre mim, e voltei lá como visitante em Christ Church, com considerável grau de excitação, em 1993-1994, renovando a minha amizade com Berlin e outros.

Uma das amizades interessantes que fiz na Escócia foi com Philip Hobsbaum, poeta e crítico de considerável escopo e habilidade, que realizava uma oficina de poesia aos domingos à noite no seu amplo apartamento. Eu comparecia, temeroso, com um poema para ser comentado. Acho que aprendi muito com Philip sobre como administrar um *workshop*, e ele próprio havia estudado com Leavis e Empson. Philip considerava que o texto a ser apresentado ao grupo merecia a mais precisa e rigorosa apreciação crítica, e entregava-se a um exame detalhado da linguagem e da estrutura do trabalho com uma intensidade que deixava quem estava no *workshop*, na maioria dos casos, sem fôlego de tanta ansiedade e admiração reverente, porém grata. Sua metódica abordagem da leitura de um poema, dando atenção a cada vírgula ou dois-pontos, nos alertava que a pontuação era como placas na estrada para o leitor. Ele às vezes selecionava uma palavra — geralmente um adjetivo ou advérbio — e questionava a sua propriedade. Lia uma mesma linha vezes e vezes seguidas, em voz alta, para que o grupo pudesse pegar o ritmo de várias maneiras, muitas vezes mostrando como leves mudanças na sintaxe poderiam melhorar radicalmente a significação de uma frase, realçando sua exata entonação. Apesar da qualidade feroz de suas críticas, Philip parecia perfeitamente neutro, não querendo nem agradar nem criticar a pessoa sob escrutínio. Devia-se entender que a tarefa em questão era profissional, e que todos nós estávamos envolvidos, juntos, na mesma determinação de aprender a usar as palavras para dizer bem as coisas, para dotar pontos sérios ou cômicos da maior energia que podíamos manipular.

Próximo de casa, em St. Andrews, eu tinha um mentor e bom amigo em Alistair Reid, o poeta escocês e tradutor. Muitas vezes, eu ia de bicicleta para sua cabana próxima ao Mar do Norte, levando um esboço tosco de um poema em minha mochila. Sentávamos lado a lado na sua cozinha em Pilmour Cottage, sua casa de pedra dando vista para Old Course, enquanto ele dissecava o meu último empreendimento. Ele "corrigiria" o meu poema, como costumava dizer. Eu ficava lá, sentado, emudecido, observando a linguagem transformar-se diante de meus olhos, os fracos advérbios absorvidos por verbos mais fortes, os adjetivos supérfluos ou tediosos apagados, substituídos por um substantivo mais preciso. Alastair ensinava mostrando: ostentação, mais uma vez. Podia acontecer de ele riscar uma frase fraca e inventar outra melhor. Ou de reorganizar ou cancelar versos ou estrofes inteiras, recusando tratar qualquer linguagem como sagrada. Questionava dicção, tom, desvios na frase. Seu ouvido era impecável, e eu aprendia como escrever a frase musical, como escutar o meu próprio poema.

Alastair percorria vários poemas e poetas comigo. Ainda me recordo bem vivamente de uma tarde, quando me queixei que não entendia realmente o poema de Yeats "Entre crianças escolares". Ele me conduziu pelo poema, estrofe por estrofe, oferecendo-me várias possibilidades de interpretação. Era atordoante porém modesto também, prestando severa atenção às palavras em si. Ele me demonstrou como as estrofes aparentemente não relacionadas se encaixavam umas nas outras, reforçando e reinterpretando as estrofes anteriores. Leu em voz alta aquela sonorosa estrofe final, e falou sobre as imagens sumárias: a árvore, que não pode ser separada nas suas várias partes, folha, flor e fruto, tronco. Ou o dançarino que se torna a dança, o criador tão absorto na atividade de fazer sentido que não os pode separar. Poema e poeta. Dança e dançarino. O poema tornou-se uma parte íntima de minha própria psicologia, e sempre espero ansioso pelo momento de introduzir esse poema nas minhas aulas, pelo menos uma vez ao ano. Quando o faço, escuto Alastair falando:

> Ó castanheiro, grande, enraizado, fértil
> Você é a folha, a flor ou o tronco.
> Ó corpo que oscilava à música, Ó visão cintilante,
> Como podemos distinguir o dançarino da dança?

Retornei, inseguro, aos Estados Unidos, assumindo o meu primeiro emprego "de verdade" em Dartmouth, em Hanover, New Hampshire. Tinha conseguido esse emprego durante uma convenção da Modern Language Association, em Nova York, no inverno anterior — uma entrevista que foi obviamente bem-sucedida.

Uma entrevista é, certamente, uma performance sob encomenda, e com uma única apresentação. Você tem de se mostrar de modo convincente, ou seja, captar bem a sua platéia, o que nem sempre é fácil. Significa ler as expressões nas faces de seus entrevistadores e interpretar a linguagem corporal deles. Significa convencê-los de que você se sairia um colega cooperativo e com quem se poderia contar, um bom professor e um estudioso produtivo, nessa ordem. Participei de muitos comitês de contratação ao longo dos anos, e estou certo de que a primeira coisa que se pergunta é: Você pode conviver com esta pessoa pelos próximos vinte anos? Procuram no candidato, como seria de se esperar, competência acadêmica. Porém também bom humor, um senso de elegância, de generosidade, de trato fácil. Como entrevistador, sou sempre desencorajado, também, pela impressão de desonestidade. É essencial transmitir autenticidade. Entretanto, a autenticidade tem muitas faces, e eu prefiro — como a maioria dos entrevistadores — um candidato que transmita uma genuína impressão de ser uma boa pessoa, um colega amável e interessante, com espírito ágil. A natureza do trabalho acadêmico do candidato é, francamente, secundária — se bem que eu jamais apoiaria empregar uma pessoa que não mostrasse uma genuína paixão por sua profissão, fosse como estudioso bolsista ou escritor.

Uma vez em Dartmouth, passava muito mais tempo com estudantes do que com colegas, especialmente no princípio. Sendo apenas alguns anos mais velho do que a maioria daqueles que freqüentavam minhas classes, sentia-me bem no nível deles, e minha vida social ocorria bastante entre eles. Como resultado, tive uma dificuldade extremamente maior para encontrar minha *persona* como professor, uma voz com autoridade dentro da sala de aula. Era como se bem pouco de minha experiência a essa altura da vida tivesse me preparado para Dartmouth, onde o conhecimento parecia pesadamente empacotado em cursos distintos e desarticulados. Os estudantes pareciam vorazmente orientados para seus objetivos, que eram Wall Street e a General Motors. Eu ainda pensava sobre o ensino como "a busca cotidiana pelo juízo verdadeiro", uma frase de Eliot, porém não conseguia juntar o ideal à realidade.

Durante o meu primeiro ano de ensino, passaram-me duas turmas de inglês do primeiro ano, que em Dartmouth era chamado Inglês 5. Supunha-se que alunos chegando a uma escola destacada nacionalmente, participante da Ivy League, poderiam escrever decentemente; a maioria deles conseguia. Assim, havia pouco no curso que pudesse lembrar qualquer daquelas aulas de composição básica nas universidades do estado. O principal texto em Inglês 5 era *O paraíso perdido*, de Milton — uma boa idéia, de fato, porque se trata de um poema épico que em sua vasta órbita toca toda o universo da mitologia e da literatura desde os tempos clássicos, até o recente período moderno. O poema apresenta inúmeras questões morais, além de levantar problemas de poder nas relações entre homens e mulheres e abarcar uma série de controversas matérias teológicas e filosóficas, tais como questões sobre determinação — um assunto que leva a vigorosas discussões em sala de aula. Os estudantes se sentem fortemente intimidados, a princípio, incapazes de escutar a linguagem, com seus arcaísmos e sua retórica complexa. Com apenas um pouco de ajuda do professor, rapidamente aprendem a ler esse espantoso texto, e quase sempre saem com uma sensação de prazer, por terem se confrontado com uma obra-prima difícil e terem conseguido dominá-la. Isso os impulsiona satisfatoriamente para um bem-sucedido período na faculdade, onde se depararão com textos complexos o tempo todo.

Tinha lido o épico de Milton detidamente quando ainda estava na faculdade, e fiquei satisfeito com a oportunidade de discutir o assunto com estudantes. Os adolescentes de Dartmouth eram, como se poderia esperar, brilhantes, ávidos por agradar, embora poucos fossem voltados para idéias ou para a erudição; havia pouco autoquestionamento e, o que me surpreendeu, por ter sido um estudante no final da década de sessenta, quando os meus pares estavam pesadamente envolvidos em auto-avaliações. Quase não encontrei consciência política alguma entre meus estudantes, o que também me consternou. Tanto havia mudado num período tão curto. Para o meu objetivo, contudo, os alunos de Inglês 5 escreviam razoavelmente bem, e havia várias discussões animadas em sala de aula. Sendo imaturo, eu me identifiquei com eles em muitos níveis, desenvolvendo uma personalidade muito casual, mais semelhante a um irmão mais velho que lhes desejava êxito em seus esforços para entender literatura do que a um professor arrogante, alguém que deviam reverenciar ou emular. Estou certo de que, por vezes, eu parecia francamente tolo, e freqüentemente deixava a sala de aula sentindo-me estranhamente deslocado, pendurado entre dois mundos.

Além de Inglês 5, foi-me entregue um grande curso de preleções sobre a moderna poesia britânica e americana — minha matéria favorita. Conseguia, afinal, trazer para essa aula minha pesquisa de graduação sobre Hopkins, assim como meu permanente interesse em Eliot, Yeats, Frost e Stevens. Estremeço, contudo, quando recordo aquelas minhas performances. Eu trabalhava a partir de extremamente elaboradas anotações de ensino, com freqüência lendo palavra por palavra, como tinha feito na Escócia. Os estudantes vez por outra mostravam-se entediados com as minhas preleções, e eu me angustiava quando os via olhando para fora da janela ou batendo cabeça, cochilando. Assumi uma dúzia ou mais de *personae* diferentes diante da classe, e estas raramente ajustavam-se muito bem. Com freqüência, experimentava uma lúgubre sensação de desconexão em relação à turma e sentia-me incompetente como professor.

Havia, na época, um extrovertido estilo de ministrar preleções em Dartmouth que parecia especialmente popular no Departamento de Inglês. Eu tinha um colega para quem cada preleção era uma grande performance: ele ficava diante de um espelho em casa e recitava a sua preleção de cor, a porcaria inteira, observando a si mesmo e ao seu desempenho. Ensaiava elaborados gestos retóricos e por vezes caía em prantos quando recitava passagens de um texto particularmente comovente. Um outro colega trabalhava no estilo de Wittgenstein, pensando alto diante da classe, detendo-se em compridos silêncios, andando para lá e para cá como um leão enjaulado. Era capaz de elevar a voz até começar a berrar e de deixar escapar um sussurro nas fronteiras de uma simples sentença. Quando a inspiração batia, a terra parecia tremer em Hanover, New Hampshire. Ele era considerado por todos, não só pelos estudantes mas também pelos professores, um gênio. Assisti a algumas dessas palestras e concordava que ele possuía uma maravilhosa noção de platéia e notáveis recursos para dar vida a idéias e textos. Seus dotes intelectuais eram, eu podia ver, formidáveis.

No entanto, preferia uma abordagem mais fria, mais britânica, e considerava a mim mesmo um professor "de bom senso", alguém que sem afetações, mas com eficiência, apresentasse a matéria em pauta. No fundo do meu coração, temia não ser nem inteligente o bastante nem tão preparado quanto colegas que tinham usufruído de programas de graduação em Yale e Princeton. Minha educação tinha sido *ad hoc*, pessoal e muito menos sistemática do que a deles. E ainda estava voltado para a minha maior ambição: eu queria escrever poemas e crítica, talvez até prosa de ficção. Entretanto, ensinar havia se demonstrado algo que me consumia enormemente: passava o final da noite relendo os textos que tinha de ensinar na manhã seguinte. Com freqüência, percorria os trabalhos dos alunos com receio de que pudesse deixar passar alguma coisa óbvia, inseguro quanto à nota que deveria dar a determinado trabalho, que às vezes parecia caprichado e com cuidado formal suficiente, porém totalmente banal, sem inspiração. Muitas vezes dormia mal, preocupado com o meu desempenho na sala de aula. Eu me sentia mesmo pior depois das reuniões no Departamento de Inglês, onde raramente abria a minha boca e, quando abria, só dizia coisas estúpidas. Com boa razão, eu me perguntava se seria capaz de escrever qualquer coisa nesse contexto.

No transcorrer do meu primeiro ano, desenvolvi uma rotina (não diferente da que me tinha servido bem na Escócia) que continua a me guiar até hoje. Eu costumava ir a um restaurante barato próximo para fazer o meu desjejum, levando comigo um volume de poemas de algum dos meus poetas favoritos. Também carregava comigo um caderno de espiral e uma caneta. Enquanto tomava café e comia *bagels*, lia e escrevia esboços de poemas, refazia poemas, ou apenas fazia anotações sobre o poema que estava lendo. Logo enchi cadernos e mais cadernos com versos, alguns dos quais (muitas vezes tarde da noite, antes de ir para a cama) eu datilografava e enviava para revistas. Recordo-me de uma ocasião miraculosa no final da década de 1970, quando os meus poemas foram aceitos por três revistas no intervalo de três dias. Ter meus poemas aceitos me estimulou, e eu passei a empregar horas e horas refazendo poemas, datilografando-os novamente, enviando para amigos criticarem, tentando publicá-los.

Compartilhei minhas esperanças sobre me tornar um escritor e sobre métodos de composição com meus alunos, e minha franqueza captou o interesse deles, em especial daqueles que queriam se tornar escritores também. Vários estudantes trabalharam em contato próximo comigo, fora da sala de aula, e era como se estivéssemos todos juntos nisso, tentando nos tornar escritores. Eu era apenas o felizardo com um emprego e algumas publicações incidentais para meu crédito. Meu apartamento era um local aonde jovens escritores vinham conversar, beber vinho e falar durante horas sobre poesia e prosa de ficção. Muitas vezes eu ficava intrigado ao perceber que a maior parte do meu "ensino" ocorria fora da sala de aula. De fato, preferia esse tipo de aprendizagem informal. E ainda prefiro.

"Publique ou morra" foi uma máxima que levei a sério. Assim, decidi revisar a minha tese de doutorado sobre Theodore Roethke e a tradição do romantismo americano. Eu me lembro de enfiar uma página em branco na máquina de escrever, em meu pequeno estúdio em Hanover, escrevendo o título no alto da página, e então começando a reescrever minha tese partindo do zero. Quando não estava ensinando ou sentado no meu escritório com meus alunos, estava escrevendo. Assim foi por um par de anos, e a escrita parecia ir bem, porém muitas vezes senti-me infeliz, e me perguntava se poderia ou deveria continuar com uma carreira dentro da academia. Não me sentia confortável como um porteiro da América corporativa. Ensinar muitas vezes parecia um dever, mais obrigação do que inspiração. O que eu desejava era a liberdade de escrever o que quer que desejasse escrever, e quando desejasse escrever. Comecei a me ressentir do tempo que gastava me preparando para dar aulas, e fazia tudo o que podia para que essa preparação consumisse menos tempo. Não chega a surpreender que isso com freqüência tivesse conseqüências, tornando minhas aulas menos produtivas e, para mim tanto quanto para meus alunos, menos interessantes. Eu me perguntava se isso era realmente possível, escrever e ensinar ao mesmo tempo.

Há um tênue equilíbrio que um acadêmico deve de alguma maneira conseguir entre a escrita (ou pesquisa) de um lado e o ensino do outro. O ideal seria que ambos funcionassem juntos. Em minha vida, o equilíbrio nunca era alcançado e eu me ressentia do meu trabalho em sala de aula, embora normalmente conseguisse fazer um trabalho decente. A tensão era horrível, contudo, devido às pressões do sistema de efetivação no cargo, que eu abominava.

Eu observava os membros mais velhos, efetivos no Departamento de Inglês, como juízes, não como colegas, e sentia-me observado por eles. Tenho certeza de que não estavam realmente me observando, porém o sistema era organizado de tal maneira que qualquer um poderia facilmente se tornar paranóico. Contudo, achei que havia algo que eu pudesse aprender de quase todos eles, e era interessante ouvi-los falar, ler os seus trabalhos (quando já tinham publicado qualquer coisa) e experimentar as idéias deles. Ao longo daqueles sete anos, alguns se transformaram em valiosos amigos, porém isso teria sido mais fácil, menos tenso, talvez, se não tivesse de me preocupar constantemente quanto à efetivação no cargo. Meus colegas mais jovens competiam uns com os outros, o que era extremamente desconfortável para mim. Eu não tinha vontade alguma de competir com ninguém. Eu era muito competitivo, certamente, porém comigo mesmo.

A pressão para publicar — tanto quanto pudesse, o mais rapidamente possível — era palpável, ou pelo menos assim eu interpretava o que os meus colegas mais antigos me diziam e como os meus colegas mais novos se comportavam. Eu trabalhava furiosamente no meu livro sobre Roethke, em vários artigos e resenhas para periódicos. Continuava com a minha poesia o melhor que podia. Porém, faltava um centro para tudo aquilo e muitas vezes me dava conta de que ia para a sala de aula sem qualquer senso de propósito, com aquela sensação de medo no estômago. Houve, sem dúvida, muitos dias em que eu me sentia afinado com a classe, acreditando que estivesse sendo útil, eficiente como professor. Pode bem ser que eu tenha sido. No entanto, as turmas raramente pareciam corresponder de um modo que me satisfizesse e eu por vezes me sentia como se estivesse desperdiçando o meu próprio tempo e o dos meus estudantes. Ficava me perguntando se deveria ter assumido um outro tipo de trabalho.

Uma das matérias do currículo com a qual me sentia mais confortável era no seminário de criação literária, o qual em Dartmouth era limitado a dez alunos. Geralmente, encontrávamo-nos em meu apartamento, sentados em círculo no assoalho da sala de estar, e conversávamos, bebendo vinho barato e devorando tigelas de batatas fritas. Neste cenário íntimo, estudantes muitas vezes tornam-se amigos. Estes seminários ajudavam-me a elevar meu estado de espírito, já que a crítica prática era o que eu fazia de melhor como professor. Modelei esses seminários com base nos grupos de literatura de Philip Hobsbaum, em Glasgow, conservando o texto de cada estudante intensamente à vista, procurando caminhos para revisá-los que poderiam conferir consistência ou clarificar o poema ou o conto. Enfatizando a concretude, a clareza e a coerência, ficava escutando a voz de Philip em minha cabeça, enquanto ensinava, tanto quanto as vozes de Tony Ashe, Jim Lusard e outros. Muitas vezes, relia ensaios de Eliot, Leavis, Empson, Yvor Winters, William Wimsatt e outros. Suas vozes, também, tocavam na minha cabeça.

A fantasia de libertar-me de uma vez por todas da vida acadêmica, não obstante, recusava-se a morrer. A pressão de tentar conquistar a efetivação no cargo deixava-me tenso, pouco à vontade. Achava que escreveria melhor se escapasse das paredes da academia, e pensei naqueles escritores de sorte que tinham conseguido viver fora do magistério: Hemingway e Fitzgerald, Yeats, Eliot, Stevens. Poderia um escritor "de verdade" sobreviver dentro dessas paredes cobertas de heras? Com alguma fantasia, decidi escrever um *best seller* que me daria a liberdade financeira de que precisaria se finalmente decidisse deixar o magistério. Um tanto compulsivamente, eu me levantava bem cedo todos os dias e, por cerca de uma hora, dedicava-me ao meu romance, o qual intitulei *The Love Run*. Era uma história sobre uma bela estudante de graduação de Dartmouth que andava sendo perseguida por um jovem local, que morava em New Hampshire. Era rápido, com cenas de sexo, e privado de inteligência. Infelizmente, foi fisgado por um editor, que pagou bem pelo privilégio de publicar minha narrativa sinistra.

A administração não apreciou a minha primeira tentativa de escrever ficção, assim como alguns dos membros mais antigos da faculdade. Embora tenha conseguido a efetivação no Departamento de Inglês, não passei pelo estágio final da inspeção. O então presidente de Dartmouth não tinha ficado satisfeito com meu retrato da vida no campus, e os alunos não julgaram meu primeiro esforço em ficção elogioso para sua faculdade. Eu poderia (e fiz isso) culpar outros por meu fracasso em obter a efetivação em Dartmouth, porém imagino, olhando para trás, que muito da culpa tenha sido minha. Ainda que julgue que meu desempenho em classe tenha sido adequado, e mesmo bom, eu tinha perdido contato com o meu eu-professor; em conseqüência, não correspondia direito às necessidades dos alunos e estava menos focalizado na minha matéria. Simplesmente, eu não tinha sido capaz de equilibrar o ensino com a minha atividade literária. Todo empenho necessário para me tornar um professor assistente de inglês começara a parecer, após vários anos, um tanto fora de propósito. Eu vivia para meus poemas, e perdi a vontade de competir pela efetivação nas formas usuais. Em suma, engendrei a minha própria queda com grande eficiência, ainda que inconscientemente.

O sistema de efetivação é, como todo mundo sabe, profundamente falho. Tendo trabalhado sem título durante sete anos em Dartmouth, e com título de cargo em Middlebury College por cerca de duas décadas, tenho testemunhado os altos e baixos do sistema. As pessoas geralmente conseguem sua efetivação porque aceitam o padrão institucional local, qualquer que seja. Aprenderam, por tentativa e erro, o que é necessário para ser bem-sucedido com os alunos em suas escolas. Não é pouca coisa, mas o que passa por ensino excelente em uma instituição pode não satisfazer em outra. Elas também conseguiram alçar-se a um nível de atividade acadêmica (e qualidade) que satisfaz seus comitês de efetivação, parecendo de certa maneira promissoras. Esse padrão varia muito de lugar para lugar e de uma para outra época; assim, é crucial para um jovem educador descobrir o que será suficiente e o que não será. Tenho testemunhado muitos casos tristes de colegas mais jovens que cometem erros fatais nessa questão, e subitamente se vêem sem sua efetivação, mesmo possuindo maravilhosas qualificações de ensino. Este cenário é, de fato, um clichê hoje em dia, porém algo que jovens acadêmicos parecem destinados a repetir muitas vezes, todos os anos, por todo o país.

Assim estava eu em 1981: casado, com uma criança a caminho, sem emprego. Forçado a enfrentar a realidade, comecei a reavaliar-me como professor e escritor. O que eu realmente queria fazer na vida? Deveria tentar escrever ficção *best seller* em tempo integral? Faria mais sentido começar um negócio? Devia mudar-me para Hollywood e escrever roteiros para o cinema? Lembro-me de ficar parado, sentado no meu escritório, olhando para os livros. Olhei para a minha avantajada pilha de cadernos de anotações e meu livro sobre Roethke, que tinha sido lançado recentemente e obtido boas críticas nos espaços usuais. Havia pouco, tivera uma coletânea de poemas — *Anthracite Country* — aceita pela Random House. Porém, o que eu realmente queria?

Após semanas de auto-investigação, decidi que realmente gostava, afinal de contas, da vida acadêmica. Gostava da comunidade de estudiosos, o senso de compromisso com idéias, ainda que tivesse sérias reservas sobre a utilização da educação superior nos Estados Unidos. Acreditava que havia certamente um lugar para escritores de meu temperamento dentro da academia, e considerei os meus dons para ensinar suficientes e que, com atenção apropriada para a tarefa, eu poderia me tornar um educador bem-sucedido. Sabia que isso exigiria muita dedicação, porém decidi ir em frente. Eu me candidatei a empregos e logo era chamado para ensinar no Middlebury College, que ficava justamente em cima das Green Mountains de Hanover. Pareceu algo bastante afortunado que

Middlebury aparecesse do nada, como que me oferecendo outra oportunidade.

Não há sentido relatar passo a passo minha carreira deste ponto em diante. Em resumo, mudei-me para Middlebury, comprei com minha esposa uma pequena casa na cidade, conquistei a efetivação em cerca de dois anos (sem confusão) e no final me tornei um eficiente — e até mesmo popular — professor. Também consegui escrever alguns livros de vários gêneros: poesia, prosa de ficção, crítica, biografia. Além disso, publiquei numerosas resenhas de livros num intervalo de duas décadas, principalmente porque gostava de ganhar aquelas pequenas somas de dinheiro que tinham grande valor para mim à medida que minhas três crianças chegavam. Até mesmo consegui escrever quatro roteiros para cinema e editei mais ou menos uma dúzia de livros. As pessoas freqüentemente me perguntavam como eu conseguia fazer tudo isso, e tentarei falar francamente sobre como lido com esse esforço de escrever e ensinar ao mesmo tempo. Não foi fácil, porém foi divertido.

O mais importante é que uma vida estabelecida, disciplinada, é essencial para um professor e para um escritor. (Freqüentemente, cito para mim mesmo a máxima de Flaubert a respeito, que eu grosseiramente traduzo como "Viva como um burguês, pense como artista".) Vale a pena ter uma rotina que realmente acolha bem a musa; no entanto, isso deve ser algo individual. Prefiro escrever poesia de manhã cedo, depois mudar para a prosa e para ensinar. Descobri que possuir uma identidade firme como escritor fornece uma *persona* de professor que funciona esplendidamente em sala de aula. Uma aula é uma performance, e o professor deve estar bastante consciente da necessidade de trabalhar cada preleção ou exposição como se trabalha um poema ou conto. A aula deve ter início, meio e fim. Deve começar em algum lugar e tempo e avançar para outro ponto, mesmo que arbitrariamente. Os estudantes querem perceber essa progressão, e precisam sentir o seu próprio desenvolvimento — a sensação de terem tido determinadas idéias, e a seguir verem-nas superadas, desafiadas, remodeladas. Estou consciente de que tento tornar cada estudante independente de mim, capaz de enfrentar um corpo do assunto discutido e absorvê-lo de maneira individual, criticando-o, reformulando-o. A pior coisa que eu posso imaginar é um estudante meramente aceitar o que digo, sem réplica. Minha autoridade na sala de aula é, de certa maneira, uma ficção; eu me apresento com autoridade, porém faço-o de um modo que permita aos alunos questionar meu ponto de vista e se arriscarem a desafiar a minha autoridade.

Há estilos de ensinar consideravelmente diferentes, e assim deve ser. Pessoalmente, aprecio um jeito mais informal, uma personificação mais despojada, porém conservo o foco intensamente na matéria que tenho diante de mim: algo escrito por um aluno, um texto importante, um tópico de discussão. Fico circundando essa matéria meticulosamente, mantendo-a sob inspeção, pensando alto. "Descrição é revelação", disse Wallace Stevens. Isso parece válido para todo trabalho de sala de aula também. O professor deve descrever, descrever, descrever. Essa descrição abre caminho, do modo mais natural, para a avaliação, e mesmo para a revelação. Foi Yvor Winters quem certa vez notou que a vida é um processo de revisão permanente no interesse de maior compreensão, e tento manter esse ideal diante dos alunos. Reviso minhas próprias opiniões constantemente, diante dos seus próprios olhos, baseando essas revisões em novas informações, novas percepções, descobrindo contradições em meu próprio pensamento ou no pensamento de meus alunos.

Os alunos possuem uma habilidade especial para detectar qualquer falta de sinceridade em um professor. Todos os professores jovens deveriam trabalhar para desenvolver um senso de autoridade e autenticidade pessoais, enquanto se dão conta de que essas virtudes humanas vêm apenas com tempo e prática. Os alunos adoram quando um professor parece autoconfiante, engraçado, de espírito aberto, ágil. Não gostam de um professor que olha fixa e ansiosamente na direção deles buscando confirmação. Querem ver confiança. No entanto, essa confiança significa que você está perfeitamente desejoso de cometer erros, dizer coisas estúpidas, permitir aos estudantes contradizê-lo e subverter as suas idéias. A autoridade autêntica pode ser desafiada, ela *deve* ser desafiada. Parece-me útil pensar cada aula como um ato de revisão: assim como esboços, são alteradas e tornam-se mais precisas, até mesmo mais verdadeiras. Dessa maneira, ensinar (assim como escrever) transforma-se na busca da verdade, do "juízo verdadeiro". Um professor inexperiente, com freqüência, revela involuntariamente sua própria falta de autoridade ao apresentar sua matéria de modo firme demais, afastando a possibilidade de crítica, recusando-se a deixar algumas coisas ficarem no limbo, mal definidas, algo sem forma ainda. Professores amadurecidos transmitem a matéria com considerável segurança, porém convidam à crítica e modelam o processo de revisão.

Fiquei para sempre com esse desejo de retornar a Dartmouth como um jovem professor novamente, com vinte e poucos anos, sabendo o que sei agora. Eu seria tão absurdamente autoconfiante, espirituoso, aberto à crítica, ávido por resistência, pronto para reconhecer erros e movimentar-me em melhores direções, mais verdadeiras. Respeitaria os dons de cada pessoa, permitindo-lhes sentir o meu respeito, e ao mesmo tempo desafiaria as suas suposições, fazendo-as sentirem-se desconfortáveis com elas. Acharia os meus colegas mais velhos interessantes mas nunca intimidadores. Eu os escutaria cuidadosamente; mas expressaria os meus próprios pontos de vista claramente, firmemente, sem me sentir defensivo. Saberia como equilibrar a minha vida de escritor, meu trabalho acadêmico e minha vida social *com meu ensino*. Tudo seria esplêndido. No entanto, certamente, isso é tudo fantasia. O processo de tornar-se um professor eficaz é todo feito de tentativa e erro, e é muitas vezes bastante penoso e exaustivo. Entretanto, refletir sobre algumas das questões que levantei não fará mal a um jovem que esteja entrando na profissão.

Não existe atalho para alguém se tornar um bom professor, se bem que provavelmente ajude ter bons modelos e saber como imitá-los, mantendo, ao mesmo tempo, o sentido da própria integridade e respeitando sua condição de indivíduo único como professor. Uma voz de escritor é desenvolvida lentamente, vinda de dentro: você tem de adquirir um senso de estilo que seja único, tão idiossincrásico como as suas impressões digitais. A experiência permite ao escritor realçar uma voz individual, para fazer com que ela funcione eficientemente, com flexibilidade o bastante para se ajustar às diferentes circunstâncias e demandas (tais como gênero ou audiência). Isso vale também para professores que estão iniciando, que devem encontrar a sua própria e exclusiva voz, permitir que ela cresça, se amolde se reformule. Estilo é tudo no escritor e em quem ensina, e jamais será insípido, se for realmente bom. Estilo é o caminho que uma pessoa toma para si mesma, como Robert Frost certa vez sugeriu. É uma postura para o mundo, um jeito de ser.

Com o amadurecimento do meu trabalho como professor, sinto-me muito menos constrangido pelas paredes da sala de aula, ciente de que o meu trabalho se movimenta para céu aberto. Gosto de passar algum tempo fora da escola com alunos, aprendendo a conhecê-los melhor, as suas necessidades, suas maneiras de se conduzirem. (Minha família nunca franze o cenho quando um aluno aparece para jantar; é algo comum. Alunos tomam emprestado meu carro, vão pescar comigo, apanham meus filhos no colégio quando não me é possível fazê-lo. Eu os trato como extensão da minha família.) Sei agora que os alunos me encaram como seu professor, não seu melhor amigo, e posso aceitar isso na minha idade. Quero que eles me vejam pensando, considerando, reconsiderando, duvidando, reconstituindo-me na presença deles. Quero que se beneficiem do fato de que já pensei muito mais sobre literatura do que eles. Também acredito que possa lhes ensinar alguma coisa sobre como viver suas vidas: abertamente, com liberdade de opinião e espírito, com disposição para questionar suposições e reformular noções.

No mínimo, penso sobre mim como alguém que apresenta aos alunos uma visão alternativa, uma outra forma de viver em um mundo perigoso, em que o próprio governo é muitas vezes corrupto e insensato, propenso a sacrificar liberdades e vidas humanas para manter um ambiente propício aos negócios. No mundo após 11 de setembro, vejo o meu trabalho como tendo distintamente um viés político, ensinando estudantes como ler o mundo da mesma forma que os textos postos diante deles. Parei de me preocupar sobre como manter o meu ensino "apolítico", uma preocupação que me perseguia no início. O meu ensino adquiriu um novo significado, uma vez que encontrei meios de falar diretamente sobre assuntos políticos, sobre a pobreza mundial e a fome, sobre os abusos do poder americano, sobre a violação das nossas liberdades sagradas, sobre a subserviência da imprensa, que, no nosso sistema capitalista, tem se tornado cada vez mais monossilábica, unidimensional, com medo de provocar reações. O trabalho do professor no século XXI é distintamente político, no sentido de que ele deve falar a verdade, deve encontrar e falar sobre verdades conflitantes, deve ensinar hábitos de resistência que se enquadrem na categoria do pensamento crítico.

Para meu horror, estou consciente de que não estou à frente da "verdade". Porém isso é estimulante, libertador. Estou querendo aprender dos meus alunos, mais agora do que antes, em minha vida de professor. Não alimento ilusão sobre as minhas credenciais, minha erudição, minha experiência. Há muitas coisas boas para serem ditas sobre essas qualificações, mas não possuo nenhuma sabedoria especial, e existe uma sabedoria natural entre os jovens que me refresca, que me espanta, que muitas vezes me força a reconsiderar idéias há muito acariciadas e concepções. De fato, continuo a trabalhar nesta profissão muito tempo depois de ter pensado que estava acabado para ela, e isso graças a sempre ganhar uma retribuição valiosa de meus alunos. Muitos deles são cabeças-duras e espertos — um bocado mais espertos do que eu. É sempre engraçado quando me pedem para reelaborar uma frase, para sustentar uma opinião com provas concretas, para reconsiderar afirmações feitas facilmente demais, talvez há tempo demais.

O problema de equilibrar uma vida de escritor com uma vida de professor me preocupa naturalmente, há anos. Por estranho que pareça, tenho a impressão de que produzo menos nas férias do que quando estou em plena carga de minhas aulas. Isso pode ser verdade porque o ritmo da vida acadêmica confere estrutura ao meu dia, de modo que utilizo melhor todos os pequenos espaços de tempo livre que tenho com parcimônia, em vez de fazer infindáveis xícaras de chá que eu nunca bebo. Consciente de que o tempo é limitado, vejo-me capaz de aproveitá-lo melhor para trabalhar nos interstícios do dia: aproveitando uma meia hora aqui, outra mais adiante. Sei que as provas devem receber notas, trabalhos devem ser passados, lidos, avaliados, preleções e discussões, preparadas; também sei que me sentirei lastimável se não escrever novos poemas nem fizer progresso nos ensaios e trabalhos em prosa. Há mais uma vantagem: vejo-me descobrindo — tanto na sala de aula como na página — novos caminhos para descrever e incorporar à linguagem o mundo como eu o vejo.

Quando olho para as cerca de três décadas em que estive do lado do professor na mesa, tenho poucos arrependimentos. Desejaria ter levado mais a sério o magistério desde o início, e compreendido que a vida de professor e a vida de escritor podem funcionar felizes juntas. Poderia ter evitado anos de evitar a mim mesmo. Poderia também ter reconhecido o "eu" do ensino como alguma coisa verdadeira, uma ficção afiadamente desenvolvida que não é "falsa". É simplesmente uma máscara entre as muitas que eu uso diante dos olhos do mundo, e uma máscara útil.

A profissão de ensinar é nobre, certamente, com raízes no mundo antigo, como na irmandade de Pitágoras, as academias, os peripatéticos e os estóicos. Grandes professores vagavam de vila em vila, reunindo discípulos. Pensamos principalmente em Sócrates, o professor arquetípico, com sua surpreendente abertura, sua habilidade para sempre extrair de um espírito jovem algo que valesse a pena, algo que já existe mas ainda não formado, inarticulado, mesmo importuno, embora valioso. Estava estudando essas figuras míticas com um calafrio um dia desses, ciente de que não sou mestre. Um livro inteiro poderia ser escrito sobre o poder destrutivo de mestres, que atraíram inocentes seguidores para a sua órbita psicológica, apenas para destruí-los em vez de iluminá-los. Trata-se, talvez, do mito de Fausto ou da história de Abelardo e Heloísa. Eu me afasto de qualquer concepção de ensino que muito toscamente dependa de jogos de poder.

Minha noção do professor ideal é o de *primus inter pares*, com o professor como aluno principal. Quisera ter entendido desde o princípio que eu era, no fundo, um aluno perpétuo: assombrado diante da variedade do mundo e da sua beleza sem palavras, da sua natureza frustrantemente contraditória. Como estudante e professor em uma única pele, trabalho desembaraçando os muitos fios deste mundo, colocando em palavras sua beleza silenciosa e tentando solucionar as contradições. Sucesso, nestes termos, é sempre uma espécie de fracasso também, e demanda um novo caminho, uma disposição para fazer as perguntas fundamentais de uma maneira inocente, uma necessidade de pôr toda a dialética em movimento uma vez mais.

Vida de professor

UMA VOZ QUE ENSINA

"Retire essa máscara de ouro abrasador
Com olhos de esmeralda."
"Oh não, meu querido, porque você se atreve
a descobrir se os corações são rebeldes e sábios,
E todavia não são frios."

"Nada encontraria senão o que há para encontrar,
Amor ou falsidade."
"Foi a máscara que capturou o seu espírito,
E então fez o seu coração bater,
Não o que estava atrás dela."

"Mas, a não ser que você seja minha inimiga,
Eu devo inquirir."
"Oh, não, meu querido, deixe tudo como está;
O que importa senão que nada haja a não ser fogo
Dentro de você, dentro de mim?"

W. B. Yeats, "A Máscara"

Ninguém simplesmente entra numa sala de aula e começa a ensinar sem alguma reflexão sobre como deve se apresentar, assim como ninguém se põe a escrever um poema, um ensaio ou um romance sem considerar a voz por trás das palavras, o seu tom e textura, e as tradições da escrita dentro de um gênero em particular. A voz é tudo na literatura, tocando no espírito do escritor, o ouvido do leitor; a procura pela autenticidade dessa vez é o trabalho do escritor de sua vida inteira. O que eu quero sugerir aqui é que professores, assim como escritores, também precisam inventar e cultivar uma voz, uma que sirva às suas necessidades pessoais tanto quanto à matéria com que está lidando, uma que pareça autêntica. Ela também deve levar em consideração a natureza dos estudantes a quem está sendo dirigida, seus antecedentes na matéria e sua disposição como uma classe, que nem sempre é fácil estimar. Toma um bom tempo, tanto quanto experimentação, para encontrar esta voz, seja ensinando seja escrevendo.

Em sua maior parte, a invenção de uma *persona* de professor é um ato razoavelmente consciente. Professores que não estão conscientes de seu "eu-professor" podem dar sorte; ou seja, podem adotar ou adaptar alguma coisa familiar — uma postura, uma voz — que realmente funcione na sala de aula já de início. Sorte, totalmente aleatória, às vezes acontece. No entanto, a maioria dos professores bem-sucedidos que conheci eram profundamente conscientes de que o modo como se apresentavam envolve, ou envolveu em certo momento, o domínio de uma máscara.

Essa apropriação de uma máscara, ou persona (palavra

que vem do latim, implicando que uma voz é algo descoberto por "soar através" de uma máscara, como em *per/sona*), não é um processo fácil. Envolve artifício, e a arte de ensinar não é menos complicada do que qualquer outra. Não é algo "natural", isto é, "encontrada na natureza". Um professor iniciante terá de experimentar um sem-número de máscaras antes de encontrar a que se adapte a ele, que pareça apropriada, que funcione para organizar e incorporar uma voz de quem ensina. Na maioria dos casos, um professor terá um armário abarrotado de máscaras para experimentar à procura de uma que lhe caia bem.

Deve-se acabar com a noção tola de que uma máscara não é "autêntica", de que há algo vergonhoso em "não ser você mesmo". Autenticidade é, em última instância, uma construção, algo inventado — tem muito a ver com um determinado conjunto de roupas que parecerá autêntico, ou não, conforme o contexto. A noção do "verdadeiro" eu é romântica, e absolutamente falsa. Não existe tal coisa. Sempre admirei o poema de Pablo Neruda que começa dizendo: "Tenho muitos eus." É verdade. Um biógrafo, como Virginia Woolf certa vez observou, tem sorte quando consegue estabelecer meia dúzia de *eus* numa boa biografia. Na verdade, há milhares de *eus* em cada ser humano. Eis que se misturam e alteram-se, sofrem mutações, vinculam-se, fragmentam-se, reúnem-se de novo uma infinidade de vezes por dia. Esta é a realidade da identidade de todos nós. Um professor iniciante deve enfrentar essa realidade desde o começo, descartando a idéia de que há um profundo e verdadeiro eu que tenha uma existência independente, que pode ser alcançado nas profundezas do coração, que pode ser exposto facilmente, sem medo, com confiança em suas características.

Há sabedoria no poema citado como minha epígrafe, "A Máscara", de Yeats, um poeta que refletiu profundamente sobre máscaras, desenvolvendo uma complexa doutrina que incluiu uma percepção da máscara como anti-eu. Ele considerou a identidade de uma pessoa como uma dialética que envolvia uma constante negociação entre o eu e o anti-eu. Em sua elegante embora de alguma maneira arcana formulação, essa dialética assume a apropriação de vários eus antitéticos: um processo delicado no qual os eus (*personae*, máscaras) são testados, depois, descartados ou abarcados por outros eus. Estes eus existem ao longo de um *continuum* que inclui a visão da própria pessoa sobre seus *eus* e os dos outros. Não é justo, como Robert Browning certa vez sugeriu, que tenhamos "dois lados da alma, um para encarar o mundo" e outro para apresentar em particular ao bem-amado. Esta doutrina, pelo menos em Yeats, assume que a pessoa também encara o bem-amado com uma máscara, que não há nenhuma personificação de voz sem o uso de uma máscara, e que a voz que emerge pode tanto ser bastante íntima ou pública, porém deve de alguma maneira "soar através" da figura da máscara. E estas máscaras são muitas.

Não há dúvida de que eu passei por um bom número delas em minha primeira década de ensino, primeiro em St. Andrews, depois em Dartmouth, depois em Middlebury. Por vezes, fiz-me do genial indivíduo do mundo das letras que fumava cachimbo, que por acaso dava uma passada na sala de aula, quase por acidente. Eu me sentava na borda da escrivaninha, minha jaqueta de tweed puída no colarinho, meus cotovelos cobertos com remendo de couro. Oferecia divertidos (embora eruditos) comentários, em vez de organizadas notas de preleção, e respondia mordazmente às perguntas dos alunos. Eu era a corporificação da razão, do bom senso, da moderação da genialidade. Vários dos professores que admirei no decorrer dos anos tinham uma postura mais ou menos nessa linha, mas — como logo descobri — eu não era um cavalheiro da velha-guarda; nem mesmo tinha um cachimbo. Precisava de um pouco mais de fogo, de um pouco de arrebatamento, para elevar a minha performance ao reino do ensino eficaz. Entretanto, por vezes avancei longe demais nessa direção, fazendo piadas absurdas, deixando meu cabelo crescer exageradamente, simulando um olhar febril. Ao usar esta máscara, por vezes elevava a minha voz quase a um grito; em outros momentos, sussurrava. Por vezes, ia para lá e para cá como um animal enjaulado ou arremessava giz no quadro-negro. Cada vez que envergava esses disfarces extremos, saía da sala sentindo-me vazio e falso, algo próximo a um idiota. Acontece que minha voz de professor existe em algum lugar entre estes dois pólos, mas, como vim a descobrir, também inclui ambos.

Jovens colegas professores são comumente jogados dentro de uma sala de aula com pouca ou nenhuma preparação para o que será a atividade profissional central de suas vidas: instruir jovens em sua disciplina, seus caminhos e meandros. Com freqüência, terão gasto todo o ano anterior, ou os últimos dois anos, na biblioteca, escrevendo uma dissertação: a pior preparação possível para o ensino. Depois de me formar na pós-graduação, nunca escutei uma palavra sequer sobre pedagogia; de fato, cursos de educação eram considerados menos do que desprezíveis, uma opção fácil, cheia de teorias falsas. Se você fosse um verdadeiro estudioso, simplesmente agia de acordo com isso, transferindo seu conhecimento a uma infortunada platéia de estudantes, quando arranjasse emprego em algum lugar. Pressupunha-se, erroneamente, que se você tivesse conseguido completar a pós-graduação e escrever uma dissertação de doutorado, estaria qualificado a esclarecer estudantes na sua disciplina, ensiná-los a ler e a pensar, a corrigir os trabalhos deles, a formular os princípios de uma dada matéria de modo útil e eficaz.

Um professor que muito admirava no St. Andrews foi Kenneth Dover, um professor de grego que tinha conquistado renome internacional por sua brilhante erudição, a qual incluía um livro sobre a comédia de Aristófanes e uma edição de *As nuvens*. Ele se manteve um estudioso produtivo e altamente original por muitas décadas, mesmo após sua aposentadoria. Um dos seus últimos livros foi *Marginal Comment* (1994), um memorial no qual fala muito sobre ensinar, entre outras coisas. "Nada foi tão importante na minha vida profissional quanto a descoberta de que eu podia e de que adorava ensinar", ele escreve. O exército deu um ótimo exemplo, porque ficou óbvio para mim desde os primeiros dias como artilheiro que um notável volume de reflexão fora investido nos métodos de instrução e treinamento. Nossos instrutores de treinamento físico, por exemplo, eram de uma espécie completamente diferente da criatura obtusa sob cujo olhar inamistoso eu tinha sido incapaz de adquirir qualquer habilidade na ginástica, durante o tempo de escola, e já encontrei um número desapontadoramente grande de conferencistas universitários cuja clareza na exposição fica bastante aquém do padrão exigido em escolas de artilharia."

Quando comecei a lecionar em Dartmouth, em 1975, ainda não tinha pensado muito sobre "métodos de ensino". Em St. Andrews, como professor, defrontei-me com tutoriais, seminários, preleções, imitando vários professores que eu admirava, incluindo Dover, cujo borbulhante profissionalismo e aura de sublime imparcialidade pareceu-me, como estudante, muito instigante. Minhas aulas no princípio eram ruins, especialmente quando voltei da Escócia para os Estados Unidos para ensinar em Dartmouth, onde encontrei muita dificuldade de encontrar uma voz de professor. Um jovem de vinte e poucos anos, experimentei várias máscaras, que raramente se ajustavam bem. Porém, estava completamente inconsciente do que estava fazendo até que, certa tarde, fiz uma visita a um velho professor meu amigo, W. Edward Brown. Fizemos uma longa caminhada subindo uma estrada poeirenta atrás de sua casa em Chester, Vermont, e conversamos sobre o tema ensinar.

Brown, que tinha sido um dos meus professores de faculdade favoritos no Lafayette College, havia recentemente se aposentado e mudado para Vermont, onde por muitos anos manteve uma casa de verão. Costumávamos nos ver regularmente, e nossas conversas a respeito do ensino eram de uma franqueza notável. No passeio acima referido, falei sobre o desconforto que eu sentia na sala de aula; contei-lhe que muitas vezes me sentia uma fraude, inautêntico. A minha preocupação era que realmente jamais fosse capaz de encontrar o meu equilíbrio na sala de aula, ou de chegar a me considerar um *bom* professor. Brown escutou-me cuidadosamente — tinha o dom de escutar —, depois começou a falar sobre a concepção de uma "voz de professor." Eu jamais havia pensado nisso. Ele sugeriu que o uso de máscaras pelos dramaturgos gregos era algo sobre o que eu devia pensar para a minha prática como professor, e me instou a pensar a sala de aula como uma espécie de teatro, com o professor desempenhando um duplo papel de ator e dramaturgo.

Os atores nas tragédias gregas sempre usaram máscaras, e assim *evidenciaram* para a platéia a natureza "artificial" da arte. Havia disponível um discreto conjunto de máscaras, que no entanto eram capazes de acomodar uma vasta extensão de vozes; as vozes eram filtradas através destas *personae*, que eram extremamente convencionais. Na maioria dos casos, havia um elenco de personagens predeterminado, relacionado (por exemplo) a um mito em particular. As tramas básicas eram predeterminadas, baseadas em mitos ou em temas heróicos; mesmo os títulos, como se pode verificar em qualquer antologia da literatura grega, eram predeterminados; daí, pode-se encontrar uma dúzia de peças dos séculos V e IV a.C. com o título *Philoctetes*. Em cada caso, o dramaturgo (Ésquilo, Sófocles, Eurípedes, Philocles, Achaeus, Antiphon ou Theodectes) fazia algumas mudanças numa história conhecida, encontrando originalidade dentro e não fora do enredo convencional. O escritor era assim liberado para criar uma voz dramática, ou vozes, sem a ridícula coação imposta pela romântica doutrina de originalidade, que tem sido tão destrutiva para escritores nos últimos dois séculos.

À medida que entrávamos cada vez mais na zona rural de Vermont, com sombras alongando-se sobre a estrada poeirenta, o Professor Brown falou-me francamente sobre os seus próprios embates com a voz na sala de aula, suas próprias tentativas em experimentar as várias máscaras, com maior ou menor grau de sucesso. Eu escutei polidamente no início, mas continuava dizendo que apenas desejava *ser eu mesmo*. Falar sobre "autenticidade" era algo predominante nos anos sessenta, quando eu cursava a graduação. Todos tínhamos, com muita avidez, feito nossas leituras de Sartre e Camus, sendo que ambos enfatizavam a noção da vida como uma busca do "autêntico" eu. Ed Brown jamais fora por tal caminho, defendendo firmemente que a autenticidade era uma ficção, e que qualquer tentativa para comunicar, para desempenhar um *eu* em público, acarretava vestir uma máscara, um disfarce. Sem a máscara no lugar, não havia de onde sair a *voz*; ela precisava falar por meio de alguma coisa. Precisava da máscara como um poema precisa de versos, uma peça, do palco.

Naquela tarde, comecei a pensar sobre ensinar de uma maneira diferente, como um ato consciente de autocriação, como autoperformance. O efeito dessa idéia sobre o meu jeito de ensinar foi quase imediato e salutar, à medida que comecei a ganhar algum controle sobre o que estava fazendo. Poucas semanas mais tarde, convidei Brown para a minha sala de aula a fim de observar o meu desempenho, e ele teve a generosidade de aceitar o convite. Sentou-se nos fundos da sala, fazendo anotações sobre as minhas "performances", como as chamava. Depois, fomos para o meu apartamento e, enquanto tomávamos uma xícara de chá, discutimos o que eu tinha feito e como podia melhorar. Foi de inestimável ajuda. Muitos de nós somos deixados sozinhos, tropegamente tentando achar a voz de ensino que nos sirva, assim como a nossos alunos. Inconscientemente, adotamos diferentes máscaras, notando (ou deixando de notar) suas utilidades. Eu tinha pouca percepção de técnica durante os meus primeiros anos de sala de aula, e os resultados eram, como se poderia prever, variáveis. Tudo se resumia a sucesso ou fracasso, com muitos e enormes fracassos. Mesmo após minha discussão com o Professor Brown, muitas vezes abria o armário em casa antes de sair para o campus, encontrava uma máscara para aquele dia, usava-a, desistia dela e ia para casa esquadrinhar novamente aquele armário mágico. Porém, pelo menos estava consciente do meu comportamento, e era capaz de planejar, de refletir sobre os efeitos de várias máscaras, de escutar as maneiras como alteravam, ou auxiliavam a incorporar, a minha voz.

Como um escritor que ensina, muitas vezes refleti sobre os paralelos entre os ofícios de escrever e de ensinar. Um escritor começa com um impulso para criar, então busca formas apropriadas, meios de "dar a um etéreo nada uma localização e um nome", como Shakespeare disse de forma memorável em *Sonho de uma noite de verão*. Quando alguém começa a escrever poemas, por exemplo, tende a imitar os seus poetas favoritos ou mentores imediatos; isso é perfeitamente lógico, dado que aprendemos a escrever imitando bons textos. Gradualmente, a voz de um poeta separa-se dos seus precursores, torna-se distinta, se bem que quase sempre se pode detectar a linhagem de um poeta. Quando leio o poeta irlandês Seamus Heaney, por exemplo, posso escutar em cada verso a aspereza e a contundência aliterativa da poesia anglo-saxônica que ele ama, o ritmo "impetuoso" de Gerard Manley Hopkins, e o comprimido e visionário lirismo de William Butler Yeats. A maneira como ele faz uso de imagens pastorais lembra a obra de Robert Frost, a quem Heaney chamou de importante influência. A voz madura de Heaney tem tragado e digerido esses precursores; porém permanecem parte dele, ingredientes de sua própria voz. Sua originalidade — como a originalidade de todo grande artista — é um produto da maneira como ele se tornou capaz de usar o que veio antes dele, para absorver e prolongar uma tradição em particular, fazendo com que ele mesmo seja parte desta.

A mesma coisa vale para o ensino. Aprendemos a ensinar ao escutar com atenção os nossos próprios professores, ao adotar suas vozes, inconscientemente ou não, ao imitá-los, digerindo-os a ponto de se tornarem parte de nossa própria voz e persona. Começamos a ser professores ao imitar *cruamente*, movendo os braços de maneira familiar, fazendo pausas de maneira familiar, e mesmo pensando de maneira familiar. Isso é absolutamente verdadeiro para mim. Pelo menos meia dúzia de professores, do colégio até a faculdade, me servira como modelo. Eu imitava um ou outro num determinado dia, tentando compor um eu-professor que parecesse verdadeiro a partir dos pedaços e fragmentos desses precursores. Seus estilos, de fato, eram enormemente diferentes, e assim fui obrigado a navegar por entre eles. O eu do ensino, que, por três décadas, se desenvolveu, é o produto de muitas tentativas fracassadas de encontrar a voz correta, e de muitas performances tolas na sala de aula. É e algo que continua a evoluir a cada semestre.

Escritores, certamente, têm sempre de determinar que energia é propriamente sua e qual a que deriva de outras fontes. Grandes escritores são como centrais elétricas, e é possível ajustar cabos a elas, usar a sua energia por anos. Yeats, por exemplo, viveu de William Blake (entre outros) por toda a sua vida, absorvendo seus fluxos visionários, transformando-os em seus. Mas alcançar realizações como escritor envolve processar esses precursores, chegando a um ponto no qual se toma consciência dessas influências e se pode manipulá-las de tal maneira que a autenticidade deixa de ser um problema. No ensino, você deve também chegar a um acordo com vozes anteriores, mentores, influências; a longa evolução de uma voz de ensino particular e eficaz envolve períodos quando você mal está em posse de uma única voz, dias sombrios quando você questiona a sua capacidade de ensinar. A ansiedade da influência afeta tanto professores como escritores.

Poucos fora da profissão de ensinar entendem a coragem necessária para entrar em uma sala de aula, usar uma máscara que você sabe ser uma construção, escondendo-se por trás dela, deixando-a dar forma e substância às suas formulações, deixando a máscara tornar-se a sua face. Requer uma certa bravura, mesmo uma certa selvageria, deixar que os alunos o vejam em tal estado, à mercê de um texto ou idéia imperfeita, tentando formular uma resposta para o texto, dar corpo à idéia numa linguagem que uma faixa diversificada de alunos possa assimilar. Eu sempre me sinto um pouco assustado quando saio do meu escritório e começo a longa caminhada para a sala de aula, meus braços sobrecarregados de anotações e textos, minha cabeça abarrotada de idéias as quais ainda não tive tempo de formular adequadamente. Fico me indagando que diabo acontecerá quando a aula começar. Vou conseguir fazer sentido? Os alunos vão reagir amigavelmente? Vou parecer e soar como um idiota? Estou bem barbeado? Minha braguilha está aberta? Conseguirei passar esses 50 ou 60 minutos sem me sentir como um completo imbecil?

Meu palpite é que eu continuarei ensinando enquanto essas perguntas surgirem. O fato de eu as estar fazendo significa que ainda estou dando forma a minha persona de professor, ainda tentando encontrar a forma correta de apresentar a matéria, ainda interessado na espécie de comunicação que ensinar envolve. Eu ainda estou batalhando para criar uma face ou faces que se provarão úteis, verdadeiras e distintas. Meu armário mágico está agora cheio de máscaras; algumas encaixam-se bem, outras, não. Entretanto, estou um pouco menos assustado do que antes pela variedade que encontro por lá, e talvez com um pouco mais de disposição de utilizar a máscara diante da turma, de deixá-la movimentar-se em liberdade, de lançar olhadelas por fora de seu tenaz escudo.

POR SUAS ROUPAS DEVEREMOS CONHECÊ-LOS: SOBRE O VESTUÁRIO ACADÊMICO

Muito depois de termos esquecido o que nossos professores nos ensinavam na faculdade, lembramos de suas roupas. As roupas têm suas próprias sintaxes e vocabulários, e contam muito mais do que parece. Lembro, por exemplo, a impressão que um professor de inglês me causou durante o meu ano de calouro na faculdade: ele usava jeans puídos e desbotados na sala de aula, com camisa azul, do tipo que um homem numa linha de montagem numa fábrica usaria. Nos pés, um par de tênis gastos. Era uma aparência que, no início, me surpreendeu e interessou. Aqui está, eu pensei, um rebelde. Ele se identificava conscientemente com os trabalhadores do mundo, como a camisa sugeria. Estava, de alguma forma, acima dos mesquinhos e implícitos códigos de vestimenta que governavam seus colegas, que (no final da década de sessenta) ainda usavam paletós e gravatas todo dia.

Também notei que este professor sempre procurava encontrar as contradições de qualquer texto, isolando as maneiras com as quais os autores solapavam a autoridade em seu trabalho, algumas vezes inconscientemente. (Isso era desconstrução antes da Desconstrução.) Acho que o estilo da roupa que ele afetadamente usava no trabalho pretendia, de maneiras bem sutis, reforçar o método do seu ensino. Eu não seria capaz de vê-lo ensinando do mesmo modo se estivesse vestido com um terno risca-de-giz.

Outro professor, um historiador, também me chamou a atenção. Ele invariavelmente usava um terno caro, combinando com colete. Uma corrente de relógio de ouro sempre estava atravessada na barriga, e suas camisas eram brancas e muito engomadas, com colarinhos fora de moda que pareciam ter vindo direto do século anterior. Seus sapatos de couro pareciam feitos a mão. Um erudito de história americana, parecia ter surgido de um período mais para trás, quando cavalheiros eram cavalheiros. Falava com fluente autoridade sobre o passado, e representava (para mim, aos 18 anos) o *establishment* em sua melhor expressão. Certa vez, convidou-me para um chá em sua casa, e eu me lembro de ter visto um retrato de Benjamin Franklin na parede. "Ah, Franklin", ele disse, quando fiz algum comentário a seu respeito. "Era um parente distante de minha mulher." Por alguma razão, isso não me surpreendeu, já que ele parecia falar da Revolução Americana como se fosse uma briga familiar.

Desejando tornar-me um professor algum dia, tornei-me um atento leitor do vestuário acadêmico. O que os meus professores vestiam parecia sugerir muito sobre a maneira de abordarem suas matérias, afiliações ideológicas e modo de ver o mundo. Parcialmente consciente, aprendi a dar feitio à minha prosa (em trabalhos e provas) para que se aproximasse do jeito deles. O professor "de jeans" aprovaria um trabalho escrito que começasse com algo assim: "Walt Whitman cantou seu próprio corpo elétrico, explorando o mundo com sua própria língua e dedos, afundando-os nas sensuais fissuras da realidade." O professor "de terno" podia preferir algo como estas linhas. "Os fundamentos da democracia americana foram estabelecidos por uma classe mercantil vigorosa, que naturalmente resistiu a todas as tentativas de se imporem limites ao que entendiam como seu inalienável direito ao livre comércio." Como acontece em todos os textos, o autor deve conhecer o seu público.

Os estudantes tendem, conscientemente ou não, a corresponder às expectativas de seus professores, e essas expectativas muitas vezes possuem uma coloração ideológica. Por definição, os estudantes estão vivendo uma fase experimental de suas vidas, procurando uma postura, uma ideologia, uma definição em relação ao mundo, enquanto mudam de professor para professor, de disciplina para disciplina. Com sorte, eles ficam à vontade com certas atitudes e hábitos de pensamento, e com outros, não; cedo ou tarde desenvolvem uma postura e estilo próprios, reunidos a partir da loja de roupas de sua educação. (É uma metáfora razoavelmente grosseira, eu sei; porém, há muito de verdade literal aqui para se explorar.)

Quando mudei de uma pequena faculdade na Pensilvânia para a Universidade de St. Andrews, na Escócia, percebi minha habilidade para ler as roupas de meus professores sendo drasticamente desafiada. O sistema de aula britânico devastava as minhas noções do vestir-se apropriadamente, mas, no devido tempo, comecei a entender os textos de vestuário que se apresentavam diante de mim em tutoriais e em palestras. Enquanto a maioria dos conferencistas (como nos Estados Unidos, meus colegas de faculdade eram quase todos homens) apegavam-se a noções tradicionais de como se vestir, alguns poucos estavam claramente em conflito com o sistema ou identificados com oposição ao sistema de alguma forma, e isso aparecia em sutis diferenças nas roupas que usavam.

Meu tutor de história britânica era um idoso que se identificava com o movimento trabalhista. Membro da Sociedade Fabiana, grupo de ativistas de esquerda e panfletistas famoso por ter tido entre os seus pares Bernard Shaw, ele tinha vindo para o ensino universitário por intermédio do exército e de Oxford. Em relação às roupas, nunca se afastava do paletó de tweed tradicional. Na verdade, suas rebeliões em vestuário eram insignificantes: ele usava jeans, por exemplo, quando ministrava tutoriais. Suas camisas eram puídas no punho e colarinho, e suas gravatas eram um memorial colorido a centenas de refeições respingadas. Os próprios paletós, de um tweed que lembrava filamentos de ferro, e não lã, tinham a aparência de indestrutíveis: como uma armadura. Eu me lembro de ele dizer uma vez que tinha comprado um paletó em Oxfam, em Oxford. "Foi há cerca de 20 anos", ele achava, com certo orgulho. Sua preferência por roupas duráveis porém muito usadas parecia gritar algo como: *Eu não vou ceder à moda. Eu represento as virtudes fora de moda, e o consumismo não está entre elas.*

Havia outra versão deste estilo de vestir, embora tenha vindo do outro lado do espectro político. Meu tutor em história medieval usava paletós de tweed com padronagem lembrando ferro também, porém as suas gravatas alardeavam, de maneira desafiadora, afiliação com várias faculdades e colégios antigos. (Que, trinta anos mais tarde, eu lembre que ele freqüentara Harrow e Trinity College, Cambridge, sugere que isso tinha importância para ele, e que fez questão de que eu soubesse do seu *pedigree* acadêmico.) Ele possuía os sapatos mais sólidos que eu já tinha visto: grosseiros calçados muito bem engraxados. Suas calças eram de veludo cotelê da velha-guarda: com relevos altos, da cor castanho-avermelhada ou verde profundo; eram pregueadas na frente, tornando-as volumosas de tal maneira que se podia considerar embaraçoso ou atraente, dependendo da situação. Com freqüência, ele usava um colete enxadrezado brilhante por debaixo dos paletós de tweed. Em seu dedo, um anel com sinete: sinal de que ele provinha de uma família de certa distinção, real ou imaginária. Alguém definiria o seu sotaque como "afetado". Durante os anos que passei na Grã-Bretanha, encontrei um bom número de conferencistas que se ajustava a esse modelo.

Eu me recordo carinhosamente de uma fotografia de Bertrand Russell — um dos meus heróis — que conservava sobre a minha cama em St. Andrews. Nela, o grande filósofo (também um par do reino) usava um daqueles ternos ingleses pesados que declaram uma certa crença nas tradições: um terno azul de três peças da marinha com audazes riscas-de-giz que pareciam lembrar as barras da prisão que Russell tinha enfrentado por conta de seu pacifismo, durante a Primeira Guerra Mundial. Que ele fosse uma voz de liderança na política de esquerda (foi preso por protestar contra a bomba nuclear já com mais de noventa anos) parecia menos importante do que suas gravatas tradicionais para a sociedade britânica, como anunciado por aquele terno feito a mão. Eu sempre senti que foi politicamente sagaz da parte de Russell expressar suas visões de homem fora do sistema estando no interior do próprio sistema, de dentro da Câmara dos Lordes tanto quanto dentro de um terno de lorde. Em certo sentido, aquele terno era uma peça de armadura de batalha ou uma espécie de cavalo de Tróia do vestuário.

No início dos anos setenta, assisti a conferências de Sir Isaiah Berlin, e historiador intelectual autor de *Quatro ensaios sobre liberdade* e de um sutil estudo de Karl Marx. Ele, como Russell, tinha predileção por tradicionais ternos listrados ou escuros. Notei que seus sapatos pretos formais estavam sempre muito bem engraxados e brilhantes. Ele gostava de gravatas de seda elegantes, também: púrpuras e cor de vinho, com ousadas listras diagonais. Descendente de uma família de imigrantes judeus, seu lugar na hierarquia social britânica era, pelo menos durante os seus primeiros anos, instável, embora tenha acabado se tornando um pilar do *establishment*: um colega de All Souls College e da Academia Britânica. Seus ternos eram, até certo ponto, defensivos, uma maneira de dizer que ele era sem dúvida membro daquele *establishment*, a despeito de sua origem judaica. Apesar de se identificar como um liberal, ele raramente (diferente de Russell) divergia publicamente do que podia ser chamado opinião normativa. O que suas roupas sinalizavam era um forte desejo de ser considerado um homem de posição, alguém cuja autoridade estava apoiada em sua educação clássica, sua refinada inteligência, e suas genuínas conquistas intelectuais; elas também o ligavam, via listras, à cidade: um mundo de banqueiros e advogados, altos funcionários públicos e membros do Parlamento.

Morando no Reino Unido, logo percebi que os britânicos apreciam e encorajam a excentricidade de todas espécies, e isso se refletia nas roupas dos professores titulares. Recordo vários que se assemelhavam ao equivalente masculino das mulheres sem-teto, embora vagamente aderissem à tradição do paletó e gravata. Suas roupas eram maltratadas e fedidas, manchadas de comida, e caíam mal. Um homem em particular costumava encher os seus bolsos de azeitonas em coquetéis, puxando-as fora uma por uma durante tutoriais, mastigando aquela maçaroca enquanto falava sobre Keats e

Shelley. Não havia qualquer declaração política específica que eu pudesse ler aqui. Na verdade, eu ainda tenho dificuldade de entender o que exatamente esse jeito desleixado parece dizer para o mundo a não ser algo como: *Sou um intelectual profundamente preocupado com assuntos sérios, e a moda me chateia. Não é para pessoas sérias.*

Talvez o acadêmico mais malvestido que conheci tenha sido a romancista Iris Murdoch. Ela fora, por muitos anos, uma colega em Oxford, professora de filosofia. Abandonou o ensino totalmente em dado momento mas permaneceu em Oxford, casada com um professor; foi várias vezes jantar em minha casa, e invariavelmente chegava com uma aparência desgrenhada, vestindo uma pesada saia de lã e um pulôver bastante largo. Alguém sempre a via passeando ao longo das ruas de North Oxford com suas roupas de mulher sem-teto: o sobretudo cinzento que quase arrastava no chão, o estranho chapéu caído para o lado; a bolsa pesada, que podia conter uma bola de boliche, dada a maneira como ela a carregava. Iris, é claro, era uma romancista, e seu estilo de vestir era uma aventura de exploração de um outro mundo, um esforço sem esforço para parecer sem esforço. Reparei que uma porção de mulheres acadêmicas, em Oxford e outras cidadezinhas universitárias, vestiam-se da mesma maneira.

Tive uma tutora em St. Andrews que se tornou uma boa amiga. Ela usava a saia de lã largona, a suéter amarrotada, o chapéu peculiar, todos os dias da sua vida. A única diferença entre o estilo dela e o de Iris Murdoch era o batom: uma listra vermelho-vivo cortando o rosto que ela sem dúvida considerava atraente, por alguma razão. Era sinal de que ela não era casada, talvez; isto é, de que estava disponível. Havia, em suas conferências, uma espécie de lascividade, uma qualidade geral de atrativo sexual que parecia estranhamente descombinada com o contexto e, aliás, também com a pessoa. Não fiquei surpreso ao saber que ela morreu solteira.

Uma das cruciais questões do vestuário acadêmico para homens sempre foi a gravata, ou ausência de uma gravata. A ausência de gravata chamava bastante atenção no final dos anos sessenta e início dos setenta, entre certos tipos de conferencistas em instituições britânicas. Um dos mais talentosos críticos literários da metade do século XX — F. R. Leavis — era famoso por se negar a usar gravata na Universidade de Cambridge, onde ensinou por todos os anos trinta, quarenta, cinqüenta e sessenta. Ele se identificava com a esquerda política como se podia esperar de um homem sem gravata naqueles dias; todavia, queria também manter-se à parte da turba. Um ardoroso apoiador do Partido Trabalhista, era também um esnobe intelectual impiedoso que empinava o nariz para a cultura popular. Ainda guardo a lembrança do efeito sobre mim das suas fotografias vestindo um guarda-pó: o olhar feroz, o colarinho aberto, a testa alta franzida de tantos pensamentos. O seu isolamento no pico da vida intelectual britânica parecia, de um modo mais brando, o eco de outra figura de Cambridge: Ludwig Wittgenstein. Sua indumentária casual — sem gravata, é claro — combinada com uma austeridade na postura que assustava e intimidava toda uma geração de estudantes.

Quando pela metade dos anos setenta voltei para os Estados Unidos para assumir um cargo de professor em

Dartmouth, tive de aprender todo um novo código para o vestuário acadêmico. Professores, a maior parte dos quais eram homens, ainda, em muitos casos, usavam botinas de couro para caminhadas excursionistas, calças esporte e camisas xadrez de flanela. Qualquer um poderia pensar que, após a aula, eles bem poderiam cortar grama ou consertar uma cerca. Exceções a esse estilo particular de vestuário destacam-se na minha memória. Eu me recordo de um famoso economista que passava sob a janela do meu apartamento toda manhã às oito horas em ponto, trajando terno escuro, camisa branca, gravata, e carregando uma pasta escura de executivo, como se estivesse a caminho de uma reunião de diretoria de alguma empresa, no centro. Eu também me lembro de um elegante companheiro que ensinava Scott Fitzgerald e a literatura dos anos vinte, que flanava pelo campus vestindo um casaco felpudo de pele de quati. Eu gostava de imaginar que ele e sua mulher dançavam o charleston nos fins de semana, em casa.

Encontrar um estilo apropriado de roupa de sala de aula para mim revelou-se bastante difícil. No início, senti saudades do mundo acadêmico britânico e queria ligar-me à herança de Russell e Berlin. A minha primeira aquisição importante em roupas foi um terno de listras finas combinando com um colete. Comprei outro terno cinza de flanela e um suprimento de camisas brancas e gravatas de riscas bem-comportadas. Usei-as por cerca de dois meses, até o dia em que um estudante perguntou, sem malícia: "Professor Parini, por que o senhor sempre se veste como um banqueiro?" Teria ele deixado de perceber as alusões a Russell e Berlin? Discretamente, joguei fora o terno e comprei algumas calças cáqui e um monte de camisas de botões frontais em cores claras. Por um breve período, aproximei-me do estilo conservador que parecia corrente entre certos membros do corpo docente: camisas Oxford, blazers azuis, calças cáqui, mocassins comuns. Porém, isso fez-me sentir inautêntico da mesma forma, já que nunca havia freqüentado Exeter ou Groton. (West Scranton High não era precisamente um lugar conservador.) Eu me reajustei, usando jeans e camisas esporte; freqüentemente, usava paletó de tweed, mas sem gravata. Assim, parecia correto, e tão isento de ideologia quanto me era possível na época.

Várias décadas mais tarde, encontro-me transitando entre diversas *personae* com relação ao meu modo de vestir. Por vezes, quero me sentir ligado ao final dos anos sessenta, à política radical que me inspirava quando era estudante. Uso jeans nesses dias, e algumas vezes até cavo no armário uma velha camisa azul. Tenho também alguns blusões bufantes semelhantes àqueles usados pelos camponeses russos, e eu os uso sempre que leciono sobre Walt Whitman, considerando-os uma espécie de acessório pedagógico. Sempre que minha aula é sobre T. S. Eliot, tento me vestir de maneira mais formal. Eliot, afinal de contas, era um londrino editor por profissão e usava ternos tradicionais com um chapéu-coco e guarda-chuva retrátil como acessórios. No ano passado, quando dava aula sobre *The Waste Land*, vesti um velho terno de listras finas, e pareceu correto no contexto. Na maioria das vezes, sinto-me mais confortável usando alguma coisa do catálogo de uma loja de departamentos.

Até certo ponto, a área de conhecimento acadêmico do professor determina seu estilo de roupas. Observei que cientistas em Middlebury College, onde agora leciono, dão preferência a roupas informais — uma gravata sempre pode ficar chamuscada num bico de Bunsen. Com freqüência, eles usam botas sólidas, protegendo os dedos dos pés contra a queda de um microscópio ou de uma picareta de exploração. Professores de línguas, especialmente aqueles com conexões européias, parecem pensar que estão passeando nas ruas de Paris ou Roma, embora morem num estado onde o número de vacas ultrapassa a população humana. Com freqüência usam tecidos caros, com corte europeu. As mulheres que ensinam línguas estão sempre extremamente bem vestidas, com muitas estolas de seda e casacos finamente talhados. Algumas usam vestidos.

Nas artes e ciências sociais, acontece uma mistura de tweed, jeans e camisas esporte nos homens. As mulheres parecem preferir ternos informais ou conjuntos de saia e blusa. Sapatos confortáveis são exigidos. Já que Middlebury é um campus rural, o estilo é mais informal do que qualquer coisa que se possa encontrar nos campi urbanos, mais próximos de atividades comerciais. A idéia de um código de vestimenta não existe aqui, formalmente; informalmente, pode-se muitas vezes adivinhar corretamente com que disciplina trabalha uma determinada pessoa pelo seu modo de vestir.

Certamente, há modos departamentalizados, muitas vezes vinculados a estilos históricos. O Departamento de História em Middlebury, logo que cheguei aqui, estava cheio de homens usando camisas brancas e gravatas. Gradualmente, o código de vestimenta para historiadores vem se tornando menos rígido; porém muitos dos titulares acadêmicos, mesmo os mais jovens, ainda parecem usar camisa branca, gravata e paletó. Este indício de formalidade provavelmente se estendeu ao ensino, também. Duvido que haja muitos estudantes que chamem um professor vestido de camisa social e gravata pelo seu primeiro nome. "Ei, Jack!" não ecoará pelos corredores.

Os professores muitas vezes parecem acreditar que são invisíveis na sala de aula, mas isso é impossível, uma fantasia. Ensinar é, afinal de contas, uma arte de performance, e querendo ou não reconhecer isso, assumimos um figurino diferente todos os dias do semestre. Enviamos inúmeras mensagens, explícitas e implícitas, a nossos estudantes, que nos estão lendo com tanta atenção quanto lêem os seus textos; eles (subconscientemente, suspeito eu) podem encontrar chaves para nossas atitudes diante do mundo tão bem quanto para nossa matéria acadêmica nos estilos que assumimos, e com freqüência responderão de maneira correspondente — em suas próprias roupas, e nas maneiras de pensar manifestadas em trabalhos e provas. Vale a pena todo professor universitário pensar em roupas como uma escolha retórica, e vestir-se de acordo com isso.

ROBERT FROST COMO EXEMPLO

Gore Vidal certa vez disse-me que o ensino tem arruinado mais escritores do que o álcool. Nunca realmente concordei com ele nisso, acreditando, no fundo do meu ser, que não é apenas possível mas aconselhável para um escritor — ou algumas espécies de escritores, eu deveria dizer — ensinar. Um professor gasta bastante tempo assimilando novos assuntos, depois pensando nos meios de torná-lo material útil para os estudantes. O trabalho envolve esclarecimento, classificação, e persuasão: a arte de retórica. A esse respeito, ensinar e escrever bem andam de mãos dadas, uma coisa reforçando a outra.

Tendo escrito um biografia de Robert Frost, consegui entender um pouco melhor o que significa para um escritor ensinar, e como a maneira de ensinar do escritor pode beneficiar estudantes assim como ele mesmo. Frost tinha experiência como professor em todos os níveis, começando aos 18 anos, quando deixou Dartmouth para assumir a turma primária de sua mãe em Methuen, Massachusetts. Sua mãe, cujos nervos eram fracos, foi afastada da sala de aula por alunos incontroláveis da sexta e sétima séries que a xingavam e se recusavam a fazer qualquer trabalho. Lutas — com socos — com freqüência irrompiam durante as aulas. Mais de uma vez um pedaço de fruta despedaçou-se no quadro-negro enquanto ela tentava escrever nele.

Frost viu imediatamente que aqueles garotos precisavam de uma mão firme. A sua primeira providência foi comprar uma bengala de junco na loja de ferragens local; deixou-a sobre a mesa, bem à vista da turma, preparado para usar argumentos *ad baculum*. Eles sossegaram rapidamente e se puseram notavelmente a trabalhar sem criar maiores confusões. Um relatório da diretoria da escola lido na assembléia anual da cidade tratava da questão concisamente: "O Sr. Frost, embora jovem, tem um currículo de formação fora do comum e maturidade de caráter e obteve marcante sucesso na gerência e na instrução de uma classe difícil." Ele foi elogiado por seus "métodos à moda antiga".

Frost continuou a ensinar no nível primário, de quando em quando, durante vários anos, sempre com sucesso. Porém, depois que se casou, em 1895, voltou à faculdade, freqüentando Harvard por uns dois anos antes de abandonar os estudos novamente. Nessa oportunidade, decidiu que a agricultura e não o ensino seria uma carreira apropriada, e comprou uma granja em Derry, New Hampshire, com a ajuda do avô paterno. Claro que não se ganhava muito dinheiro com isso. Frost tinha uma fazenda de subsistência, mal sendo capaz de pôr comida na mesa. Em 1906, com quatro filhos para sustentar, aceitou um trabalho de meio expediente no Departamento de Inglês de Pinkerton Academy, um colégio de nível médio local, a fim de complementar sua renda. Logo o colégio tornou-se um trabalho de horário integral, e Frost começou a cultivar uma *persona* de ensino que testaria e desenvolveria nas seis décadas seguintes.

Ele era, recordou um estudante de Pinkerton, "um excêntrico porém brilhante professor" que geralmente entrava na sala de aula "a galope". Na classe, o Sr. Frost "arriava na cadeira atrás da sua escrivaninha, quase desaparecendo da vista exceto por suas pesadas pálpebras e das suas bastas sobrancelhas. Em tal posição, ele falava, ou lia em voz alta ou deixava uma discussão seguir por si mesma. Os demais professores não conseguiam entendê-lo e os alunos acostumados a lições preparadas estavam inclinados a pensar que podiam tirar vantagem de um professor que não era rígido da maneira como estavam acostumados". Claro que Frost havia abandonado a bengala de junco, preferindo agora uma apresentação mais compatível com alunos mais avançados

Permaneceu em Pinkerton até que o diretor, Ernest Silver, demitiu-se para assumir um emprego como presidente da New Hampshire State Normal Schooll, em Plymouth. Frost tinha construído tal reputação entre os alunos em Pinkerton que foi convidado por Silver para integrar o corpo docente em Plymouth, mesmo sem um diploma universitário. Ele começou, ainda mais energicamente, a desenvolver uma postura em sala de aula que era caracterizada pelos alunos como espirituosa, brincalhona e provocadora. Questionava os alunos ousadamente, forçando-os a enfrentar os seus próprios preconceitos. "A aula era nada mais do que uma conversa longa e acalorada," um aluno de Plymouth relembrou. "Frost deixava alguns de nós desconfortáveis, forçando-nos a encarar os assuntos honestamente e a falar sobre eles com nossas próprias palavras, mas nós o admirávamos."

O trabalho em Plymouth, contudo, durou apenas um ano. Frost herdou uma soma de dinheiro do avô e decidiu levar a família para a Inglaterra, onde ele e esposa sempre desejaram "morar debaixo de um teto de colmo". Estava agora na faixa dos trinta anos, e tinha ainda um pouco de tudo para publicar. Em Plymouth, ele sentira o conflito que é familiar a todos os escritores que ensinam, com a sala de aula puxando de um lado, a escrivaninha de outro. Ambas são exigentes, e ambas sedutoras. Ele decidiu se arriscar, ver o que poderia realmente fazer como poeta.

Três anos mais tarde, voltou para a América com dois livros publicados e uma fama ainda pequena, mas em rápida expansão. Comprou uma pequena fazenda em Franconia, em New Hampshire, tendo conseguido preservar muito do capital proveniente da venda da antiga fazenda. Agora, assentava-se na rotina de tocar a fazenda e escrever: sempre uma agradável combinação para ele. Porém, a sala de aula acenou-lhe novamente no verão de 1916, quando Alexander Meiklejohn, o jovem presidente inovador de Amherst College, lhe fez uma inesperada visita. Frost foi convidado para ensinar durante o semestre que se iniciava na primavera de 1917. Meiklejohn acreditava, muito acertadamente, que havia bastante espaço para um poeta no corpo docente — alguém que pudesse dar um exemplo da vida de escritor para estudantes, e que pudesse ensinar a escrever de dentro, como um escritor em atividade.

Frost escutou Meiklejohn com atenção e gostou do que ouviu. Aceitou o trabalho, sob a condição de que teria tempo para escrever. Como era esperado, Frost provou ser um professor habilidoso e inspirado, conhecido por gerações de estudantes de Amherst. De fato, Frost foi membro de Amherst, como membro do corpo docente ou ocasional poeta residente até sua morte, em 1963. Ele ensinou também, com intervalos, na Universidade de Michigan, Dartmouth, Harvard e Middlebury. "Sou um fazendeiro e poeta e professor", escreveu em seu diário em 1920, "e sou as três coisas ao mesmo tempo." De certo modo, estas três vocações ajustam-se bem, cada qual animado e reforçando as demais.

Frost sempre foi, contudo, um professor excêntrico, algo em conflito com a cultura da academia. "Odeio as maneiras da academia", ele disse a um entrevistador. "Luto contra tudo que é acadêmico. Pense no tempo que gastamos tentando aprender academicamente — e quanto talento bloqueamos com o ensino acadêmico." Presumivelmente, por "ensino acadêmico" ele quis dizer o ensino que estava morto e não sabia, alheio ao jogo de troca de informações e questionamentos. Ele não aprovava o aprendizado mecânico e desconfiava do "conteúdo" como objetivo da educação. Não acreditava que os textos específicos dados aos alunos importassem muito; o que contava, ele escreveu no seu diário, era que alunos são feitos para pensarem apuradamente, terem idéias novas, afirmarem suas opiniões e defenderem seus pontos de vista".

Ele acreditava no que chamava de "ensinar pela presença" e repetidamente sugeria que contatos informais entre professores e estudantes eram imensamente mais importantes do que qualquer coisa que acontecesse entre as paredes da sala de aula. Porém, dentro da sala de aula, também, ele buscava a liberdade do contato informal: "É a essência de simpósio que estou procurando", ele disse. "Os montes de idéias e a matéria dos livros [são] meros detalhes." Certa vez ele afirmou para uma turma em Amherst: "Estou procurando pela matéria, por substância, em vocês." E no seu diário, em 1917, escreveu: "O que nós fazemos na faculdade é superar a estreiteza de nossa mente. Para uma pessoa conseguir uma formação tem de esperar um tempo até começar a pegar as coisas." Frost entendia o que eu suspeito que todos os grandes professores sabem instintivamente, que o *tom* é tudo na sala de aula: a postura do professor perante a matéria. Este tom é o presente exclusivo do professor para o aluno, e é do que os alunos se lembram muito tempo depois que a matéria tenha se apagado de sua memória.

Como já se podia esperar, nem todos os alunos corresponderam calorosamente aos métodos de Frost. "As aulas do senhor Frost eram as que corriam mais frouxas, as mais indisciplinadas entre todas as que freqüentei na faculdade", queixou-se um aluno de Amherst. Outro disse que Frost foi "um cabeçudo em relação às próprias idéias" e estava "tão envolvido com elas que não havia espaço para discussão". No início de sua carreira de professor, um punhado de estudantes grosseiros de Amherst, de fato, ficou jogando cartas nos fundos da sala enquanto Frost falava, se bem que ele parecia (ou fingia) não perceber que não estavam prestando atenção à aula.

Em 1976, entrevistei John Dickey, que era presidente de Dartmouth quando Frost ensinava lá, na década de quarenta. Ele lembrou que "Frost entrou na sala, no início do período, e perguntou aos estudantes, que haviam acabado de fazer seus primeiros trabalhos, se alguém tinha escrito qualquer coisa que conseguiria defender apaixonadamente. Como ninguém levantou a mão, ele prontamente arremessou todos os trabalhos na cesta de lixo e abandonou a sala, dizendo que voltassem para a aula seguinte com alguma coisa que pudessem defender apaixonadamente". Nesta nossa época de educação dirigida para o consumo, quando os professores estão freqüentemente aterrorizados pelas avaliações dos alunos (das quais depende a sua carreira), alguém dificilmente pode imaginar que tal cena possa acontecer, por mais instrutiva que seja.

Dickey disse para mim: "A selvageria de Frost, sua vitalidade, chocava qualquer um que se matriculasse em suas aulas. Sua voz baixa, rosnada, detinha-se em cada palavra, com pausas freqüentes, seguidas por repetições de expressões e idéias. Ele, na verdade, não ensinava uma matéria, mas ele próprio, sua maneira de pensar e de ser no mundo. Seu espírito, sua conversa, estendia-se largamente por tudo, desde literatura a política e esporte, porém ele possuía uma maneira de fazer conexões, de alinhavar coisas disparatadas." Frost era, em outras palavras, um artista na sala de aula, criando novos conjuntos de matérias sobre as quais não se pensara anteriormente que poderiam estar relacionadas.

Uma das melhores das muitas descrições de como Frost era em classe é a de Charles W. Cole, um futuro presidente de Amherst, que recordou uma visita a sua aula de literatura alemã feita por Frost nos anos vinte: "Frost começou a discutir metáforas de uma maneira fluente, fazendo perguntas ocasionais para trazer à tona nossas idéias. Gradualmente as sombras vespertinas estenderam-se e daí a pouco somente Frost estava falando. A sala foi ficando cada vez mais escura até não podermos enxergar os rostos um dos outros. Porém, nenhum de nós nem mesmo pensou em acender a luz. A hora do jantar chegou, passou, e todavia ninguém daquela dezena de garotos famintos sonhava em ir embora. Nós nem mesmo nos atrevíamos a nos mexer por medo de interrompê-lo. Finalmente, muito depois das sete, Frost parou e disse: 'Bem, acho que chega.' Nós lhe agradecemos e fomos embora como se estivéssemos sob um feitiço." Alguém pode imaginar uma aula melhor?

Com freqüência, acho que a selvageria deixou o ensino, uma selvageria que instiga os estudantes a questionar suposições básicas acerca deles mesmos e do mundo. É muito mais seguro confiar no "conteúdo", acreditar que se alunos estudaram uma certa seqüência de textos, se tomaram notas e prestaram exames sobre a matéria, chegaram perto de obter uma formação. Na verdade, é formar uma opinião acerca dessa matéria, um tom, uma maneira de falar sobre ela o que mais importa. A partir do que colhi conversando com muitos dos seus antigos alunos, percebo que Frost deu à classe algo que poderiam levar consigo para o mundo, depois de terem deixado a faculdade: um acesso à leitura e ao pensamento que era radicalmente cético em relação ao texto e sua retórica. Ele abriu para seus alunos um caminho para estar no mundo, também, que implicava formular infindáveis conexões, comparar coisas. Ele os ensinou, e isso foi o mais importante, sobre as metáforas, que ele entendia estarem no coração do empreendimento intelectual humano.

No seu famoso ensaio "Educação pela Poesia", Frost escreveu: "A poesia começa com metáforas triviais, metáforas bonitas, metáforas 'graciosas', e daí avança para os pensamentos mais profundos que possuímos. A poesia fornece à pessoa um caminho no qual se permite dizer uma coisa significando outra." Ele advertiu que "a menos que você tenha tido uma educação poética apropriada na metáfora, você não terá segurança em lugar algum. Porque não se sentirá à vontade com valores figurativos: não conhece a força e a fraqueza da metáfora. Você desconhece até onde pode esperar domá-la e quando ela pode derrubá-lo. Você não está seguro na ciência; não está seguro na história".

Tanto como professor quanto como escritor (e provavelmente também como fazendeiro), Frost pôs ênfase na metáfora e no pensamento analógico. Nisso, seus papéis convergiam belamente. Como professor, ele teve a oportunidade de pensar em voz alta com os estudantes, para penetrar nas conversações que testavam e desenvolviam seu próprio escopo de jogo intelectual. Ele aprendeu, ao ensinar, como conduzir uma metáfora, e o que esperar dela. Aprendeu quando ela o derrubaria, quando teria de pular fora. Este conhecimento foi sem dúvida conduzido para a sua poesia, na qual o pensamento metafórico assume o centro do palco.

Nas aulas que dou, tenho tentado cultivar esta selvageria para manter a classe estimulada, perguntando-se o que eu farei em seguida, o que direi. Eu corro riscos, e isso significa que algumas vezes fracasso miseravelmente, dizendo coisas idiotas; porém esses riscos têm valido a pena. A sala de aula, para mim, pode tornar-se um lugar onde centelhas voam, onde os estudantes defrontam-se com o que de melhor há neles mesmos, pensando alto, comigo ou contra mim, enquanto nos movemos no sentido de algo que é parecido com a Verdade. Quando eu me vejo ou me sinto subjugado ou convencional, ou enfadonho, penso em Frost, e tento acrescentar alguma coisa daquela sua imprevisibilidade e gosto por assumir riscos à minha performance.

FAZENDO ACONTECER

Pouco me importa o que digam: *é* possível escrever e ensinar ao mesmo tempo. De fato, eu passo por períodos difíceis escrevendo sem ensinar. (Férias sabáticas são sempre interlúdios desastrosos para mim, uma ocasião quando tenho tendência a cair em depressão, escrevendo mais lentamente e pensando com muito menos clareza.) Ensinar organiza a minha vida, dá estrutura à minha semana, põe diante de mim certos objetivos: aulas para conduzir, livros para reler, trabalhos para dar notas, reuniões às quais comparecer. Eu me movo de um evento para o outro tendo uma imagem clara em minha cabeça do que devo fazer a seguir. Sem o calendário acadêmico diante de mim, sinto-me perdido.

Ensino há várias décadas e durante esse tempo escrevi e editei uma porção de coisas, inclusive romances e volumes de poesias, biografias, ensaios e resenhas. Não estou dizendo isso para me gabar. Estou muito velho para essas coisas, e não confundo quantidade com qualidade. (Com freqüência ressalto para meus alunos que Chidiok Tichborne escreveu apenas um poema que todos conhecem, uma elegia a si mesmo, composta enquanto esperava para ser executado por traição contra a rainha Elizabeth I. Vale uma prateleira de livros de muitos outros poetas.) Simplesmente quero deixar claro que gosto de ser produtivo, aprecio escrever, e nunca me faltou tempo para escrever, mesmo quando grande número de alunos requeria a minha atenção. Devo acrescentar que onde trabalho não há alunos de tocaia para dar nota a meus trabalhos e conduzir sessões de discussão.

Há, entretanto, um certo espetáculo na superprodução. Fico fascinado por pessoas como Harold Bloom, que podem apresentar grandes e complicados livros todos os anos, durante muitas décadas, sem demonstrar cansaço. Há uma velha piada, sem dúvida apócrifa, que é mais ou menos assim: um estudante toca a campainha da casa do Professor Bloom em New Haven. Ele pede para ver o Professor Bloom. "Sinto muito", diz a Sra. Bloom, "mas Harold está escrevendo um livro." "Tudo bem", replica o estudante. "Eu espero."

Versões desta piada circulam por todo o mundo literário e acadêmico. Entre escritores, eu penso em Joyce Carol Oates, John Updike, Gore Vidal e outros, com espanto, querendo descobrir como eles dão conta. Os livros deles chegam às lojas caprichadamente empacotados e editados com a mesma previsibilidade das estações do ano. Mais uma vez: produtividade não substitui qualidade. Porém, encaram-se tais escritores prolíficos e estudiosos com incredulidade. Como eles conseguem isso? Será que ensinam tanto quanto escrevem? Será que não têm reuniões de comitê a que comparecer? Será que têm um exército de pesquisadores assistentes para os ajudar? Deveriam assinar, em vez dos nomes deles, "Escola Fulano de Tal", já que meramente supervisionam a linha de produção?

Enquanto era estudante de pós-graduação em St. Andrews, observei alguns de meus mais prolíficos mentores cuidadosamente. Um deles, extremamente produtivo e original estudioso de literatura, cultura e língua gregas, era Sir Kenneth Dover. Seus livros sobre a comédia de Aristófanes, homossexualidade e sintaxe gregas são comprovados trabalhos seminais. A escrita dele é meticulosamente pesquisada, séria e dotada de enorme clareza e força argumentativa. Ele pessoalmente dirigiu o Departamento de Grego, e tinha grandes responsabilidades em toda a universidade. Certa vez, perguntei-lhe qual o segredo da sua produtividade e ele respondeu, sem hesitação: "Aprendi a usar as estranhas lacunas de mais ou menos vinte minutos que acontecem em vários momentos do dia."

A maioria de nós — eu mesmo inclusive — desperdiça grande parte do tempo. Devo acrescentar que de fato não me incomodo com isso. Como Robert Frost, acredito que a preguiça é essencial para a criatividade; eu consigo produzir bastante porque tenho tempo para gastar. Digo a mim mesmo vezes seguidas que há tanto tempo e tão pouco que fazer. Isso significa que eu me sinto mais livre, descontraído e ansioso para trabalhar quando sinto vontade de trabalhar. Aprendi, como Sir Kenneth, a fazer uso de pequenas bolhas de tempo: a meia hora antes do jantar, por exemplo, quando a comida está cozinhando. Esse período pode ser muito produtivo. Os fins de semana são repletos de tempo, mesmo quando há uma porção de tarefas para serem cumpridas. Suspeito que a maioria de nós deixa de usar as horas do dia apropriadamente. Nós imaginamos, tolamente, que grandes quantidades de tempo são necessárias para realizar um projeto, para reativar as máquinas do pensamento.

A maioria dos bons trabalhos são feitos em curto espaço de tempo. Não é realmente possível concentrar-se mais do que meia hora sem um belo intervalo. Essa é minha experiência, pelo menos. Mesmo quando tenho o dia todo para trabalhar, paro a cada vinte minutos para preparar uma xícara de chá, comer um biscoito, telefonar para um amigo, fazer um pouco de ioga, alguns abdominais, tomar uma chuveirada ou dar um pequeno passeio. Em certo ponto de minha vida cheguei à conclusão de que não devo me sentir culpado por me permitir esses intervalos. Tento não me culpar por coisa alguma, mesmo quando sou culpado.

Certamente ajuda ter tempo para escrever com o qual se possa contar. Eu vou a uma pequena lanchonete em Middlebury para tomar meu café-da-manhã por volta das 8h10, quase diariamente, há muitas décadas. Por cerca de uma hora, enquanto tomo café com bolinhos ingleses (com manteiga de amendoim), escrevo poemas. Esboços bastante crus, em sua maioria. Consegui me acostumar com o bate-papo ao fundo, o barulho de café passando na máquina, o burburinho de gente entrando e saindo do lugar. Conheço a maioria das pessoas que freqüentam a lanchonete. Muitas delas acenam, me cumprimentam com um movimento de cabeça, ou falam comigo brevemente. Algumas sentam ao meu lado por alguns minutos. No entanto, todos sabem que estou trabalhando. Meu caderno fica aberto. Tenho uma caneta na mão. Deixei que as pessoas dali soubessem que escrevo poesia nesta lanchonete de manhã, e meus amigos (e conhecidos) respeitam isso.

Um pouco de trabalho todo dia e, no final, o resultado aparece. É uma noção que aprendi com John Updike, sobre quem ouvi dizer (há muitos anos, em algum fórum público) que escreve apenas duas páginas por dia. Duas páginas por dia resultam num livro longo todos os anos, mesmo contando com as revisões. Quando estou trabalhando num livro grande de prosa, tal como um romance ou uma biografia, tento escrever duas páginas ou mais por dia. Não fico neurótico: às vezes você não quer escrever uma página sequer. Porém o meu objetivo é escrever duas, e usualmente consigo. O sistema funciona. (E, como Hemingway, eu sempre paro num ponto no qual sei o que vem a seguir; isso torna mais fácil voltar ao trabalho no dia seguinte.)

Updike aparentemente compartimentaliza a sua vida de escritor. Morando numa grande casa no litoral norte (de Massachusetts), ele tem a enorme sorte de dispor de vários escritórios: um para ficção, um para resenhas e não-ficção, um para correspondências e negócios. Ele pode percorrer seu corredor, parando durante um momento num romance, trabalhando numa resenha em outro momento, num ensaio em outro, talvez num poema ou num conto em outro naco de tempo. Ele nunca foi professor, é claro, assim consegue mover-se livremente entre os seus projetos literários. Parece ótimo.

Eu me sentiria, contudo, entediado sem as minhas aulas. Preciso manter contato com alunos e colegas, o senso de comunidade. Gosto das exigências de preparação para uma aula: reler um de meus poetas ou romancistas favoritos, passar os olhos numa crítica recente. Tenho receio de que, se deixasse por conta dos meus caprichos, não teria relido Stevens, Frost, Eliot, Yeats e outros poetas de modo sistemático, ano após ano. E esses poetas têm me sustentado e provido revigoramento espiritual, mobiliado os cômodos da minha mente com peças decentes. Acho muito útil colocar o que penso sobre a poesia deles em palavras diante de uma classe.

Kenneth Dover também me disse certa vez que ensinar ia me servir bem nesse sentido; ele uma vez me sugeriu que uma aula e um ensaio crítico têm muita semelhança, já que ambos requerem poderes de formulação; ambos puxam pela inteligência analítica. Foi T. S. Eliot quem disse que a crítica é tão natural quanto o ato de respirar, e eu acredito nisso. Quando leio alguma coisa, quero falar sobre ela. Quero compará-la com outros textos. Quero comparar minha própria voz com a voz do texto. Isso é o que significa ser uma pessoa que pensa.

Conservo sempre, no mínimo, dois ou três projetos engatilhados. Isso significa que nunca estou com falta de alguma coisa urgente para produzir. Posso sempre passar de um poema para um romance, uma resenha de livro, um ensaio. Cada gênero tem suas demandas características, e aprendi a prezar essas diferenças; uma idéia sempre tem sua forma perfeita, porém várias tentativas podem ser exigidas para encontrar essa forma. Já peguei a mesma idéia e tentei dar-lhe a forma de um poema, depois de um conto, depois de um ensaio. Pode-se, certamente, adaptar uma idéia de uma forma para outra; porém, realmente acredito na forma ideal para cada idéia, e me empenho para encontrá-la.

Ensinar também exige que nos movimentemos em muitas direções. Há sempre uma aula para preparar, um livro para ler ou ler novamente, um trabalho para dar nota, uma reunião a que comparecer. Em 30 anos, nunca deixei uma carta de recomendação esperando urgentemente para ser escrita. Movendo-me entre estas tarefas, tento apressar-me lentamente, parando onde quer que eu esteja para me concentrar, para dar o que quer que eu tenha para dar naquele momento. Acho que de fato aprendi isso escrevendo, tendo de olhar fixamente a página na minha frente, o verso do poema brotando em determinado momento, transbordando sobre o próximo verso, o ensaio à espera de uma reviravolta final. É sempre melhor trabalhar em pequenos rompantes, vislumbrar a reviravolta adiante.

Ter uma idéia grandiosa e se dispor a fazer algo em grande estilo sempre foi para mim uma esperança inútil. Certa vez tive um bom amigo, editor de poesia e professor, que sempre quis escrever um romance. Um dia, a primeira frase do romance mergulhou em sua cabeça: "Tudo na Malásia era excitante." Ele não sabia por que era excitante, nem mesmo em que lugar do planeta ficava a Malásia, mas pediu uma bolsa conseguiu-a, e se viu num país estrangeiro com uma enorme resma de papel e uma máquina de escrever. Com toda reverência, datilografou a grandiosa primeira frase. Ele esperou. Esperou por mais de um ano, porém nada mais saiu. Naquelas circunstâncias, com certeza, jamais sairia.

O EMÉRITO PROFESSOR

"Não é um país para velhos", Yeats escreveu certa vez. O mesmo poderia ser dito dos Estados Unidos no século XXI. Pessoas idosas são deixadas de lado, largadas em aldeias e acampamentos de *trailers* para aposentados onde passam o tempo que lhes resta. Os mais felizardos conservam-se sadios, vivendo independentes de seus filhos, cortando lenha ou construindo miniaturas de aviões, ou preenchendo o vazio de suas vidas com alguma atividade análoga. É um triste destino, que não deveria, parece, acontecer a acadêmicos.

Somos indivíduos privilegiados por gostarmos de nosso trabalho; na verdade, possuímos aquela coisa miraculosa, uma vocação que é também um passatempo. Na teoria, quando nos aposentamos, simplesmente seguimos para uma outra fase — a fase de pesquisa, se você assim quiser chamar — de nossa carreira, uma espécie de permanente Guggenheim que conduz àquelas estantes de livros douradas acima de nossas cabeças, no céu. O problema é que raramente acontece assim.

Depois de muitas décadas como professor, fiquei ligado a muitos colegas mais velhos, e acabava vendo-os desaparecer após a sua graduação final, o dúbio distintivo de emérito alfinetado a suas becas. Mas não existe mérito algum em ser emérito, não na maior parte das faculdades ou universidades americanas. Emérito significa adeus, *hasta la vista*. As faces familiares tornam-se subitamente ausentes nas reuniões do departamento. Não andam mais pelos corredores, nem atendem ao telefone, nem oferecem cândidos conselhos. Os alunos rapidamente esquecem seus nomes. Ex-colegas raramente parecem se lembrar da sua presença. Então, colegas mais jovens sobem a bordo e estes nunca nem mesmo ouviram falar do Professor Fulano de Tal, antigamente tão popular com os estudantes, antigamente um respeitado erudito em seu campo. Se alguém vê este emérito professor, seja na biblioteca ou em algum concerto na capela da faculdade, ocorre apenas um furtivo, um tanto culpado, cumprimento de cabeça. *Você já devia estar morto a esta altura*, parecemos dizer-lhes. E isso é desprezível.

Que aquele emérito acadêmico possa desempenhar um papel crucial nas vidas de colegas mais jovens, por acaso, ficou evidente para mim quando eu era um jovem professor. Durante meu primeiro período em Dartmouth, um professor aposentado chamado Maurice Quinlan passou no meu escritório no subsolo de Sanborn House. Maury era amigo de um amigo, e ele tinha no passado ensinado em Dartmouth, também — 40 anos mais ou menos antes de mim. Havia circulado por muitos lugares, terminando sua carreira no Boston College; era um professor eminente e autor de vários livros bem conceituados sobre a literatura do século XVIII. Depois de se aposentar, mudou-se para um casebre próximo de Dartmouth, já que guardava afetuosas lembranças de seus primeiros dias como professor naquele lugar. Ele usava a biblioteca da faculdade quase todos os dias, trabalhando em projetos de pesquisa até o fim. Solteiro por toda a vida, ele manteve uma vigorosa perspicácia e imensa genialidade até seus oitenta anos.

Nós nos tornamos bons amigos, e me vi cada vez mais ávido por sua orientação. Costumava submeter meus roteiros de curso a ele, antes do início de cada período, buscando conselhos, e eram sempre conselhos de primeira categoria. Ele sabia o que funcionava e o que não funcionava. Certa vez, revisei um roteiro três vezes sob sua supervisão — o que beneficiou muito meus alunos. Discutimos livros que podiam acrescentar algo ao roteiro e a melhor abordagem de certos textos mais difíceis. Uma ou duas vezes ele compareceu às minhas aulas, oferecendo sugestões que provaram ser notavelmente úteis. Claro que Maury nunca votaria em minha efetivação. Ele jamais daria uma palavra oficial a meu favor. Assim, tratava-se de um mentor, no mais puro sentido.

Não havia nada que eu não pudesse discutir com Maury, fosse assunto pessoal ou profissional, e nossos almoços semanais no Hanover Inn tornaram-se um estimado ritual. Ele soube por mim dos dolorosos desgastes da política do departamento em Dartmouth, e relatar minhas constantes frustrações ao tentar equilibrar as demandas do ensino e da erudição — o que não é um truque fácil para ninguém, porém especialmente difícil para professores jovens, que são verdes em todas as coisas. Num momento de grave crise pessoal, procurei Maury num estado semelhante ao desespero; ele me escutou atentamente e mostrou-se bondoso, sábio e implacável em sua resposta. A severidade da maneira como se dirigiu a mim foi essencial: ele tinha experimentado algumas versões da minha situação e parecia saber exatamente o que eu deveria fazer. Um conselho desse tipo não tem preço.

Eu fôra visitar Maury apenas algumas semanas antes da sua morte. Acontece que eu tinha lhe enviado o manuscrito de um artigo que estava escrevendo havia apenas algumas semanas e — do seu jeito tipicamente generoso — ele o tinha enchido de anotações. "Receio que tenha cortado um pouco do texto", ele disse. Era um eufemismo. Ele tinha cortado quase tudo, e muito do que estava escrito ali merecia mesmo ser eliminado. Porém, as partes que permaneceram foram bastante destacadas com "Bom" escrito nas margens aqui e ali. Em vários pontos, ele escreveu "Desenvolver" ou "Expandir". Eu sabia instintivamente o que ele queria dizer com aquelas ordens cifradas, já que havíamos conversado sobre aquelas passagens antes. Pena que tivemos de interromper aquelas conversas.

A esta altura, já devo ter deixado claro o meu ponto de vista. O professor aposentado detém um grande tesouro nas suas mãos: experiência. É o tipo de coisa que somente tentativa e erro podem produzir. A memória institucional que velhas cabeças carregam é desesperadamente necessária para os membros mais jovens do corpo docente, que não deveriam ter de reinventar a roda a cada reunião, a cada início de período. Esquecimento é a coisa mais fácil no mundo para se perpetrar e a mais difícil de se recuperar. Assim, não é mera bondade *incluir* os eméritos nos trabalhos de uma instituição. É bom senso.

Em 1993-1994, passei um ano no Christ Church College, em Oxford, como visitante, e fiquei surpreso pela sabedoria da postura deles para com o acadêmico aposentado. A diferença entre aqueles "na ativa" e aqueles "anteriormente na ativa" parecia tênue. Colegas aposentados freqüentemente vinham almoçar e estavam inteiramente a par da política da faculdade, das questões pedagógicas, como os estudos levados à frente por seus colegas mais jovens, sobre os quais se mostravam dispostos e desejosos de discutir. Tinham orgulho de ocupar um lugar na mesa alta no salão de refeições principal todas as noites. Um dos meus colegas favoritos era um cientista aposentado, um homem amável, quase chegando aos oitenta anos, que passava o dia inteiro no laboratório e raramente deixava de almoçar na universidade. Ele ainda auxiliava os estudantes de pós-graduação, quando necessário, e ensinava nos ocasionais seminários de bioquímica. Viajava pelo mundo para ir a conferências. Estava trabalhando em vários projetos importantes. E ainda continua fazendo isso, até onde eu saiba.

Não vejo por que este modelo não funcionaria nas instituições americanas, e a despesa seria justamente o tipo de coisa que os alunos teriam prazer em subvencionar, já que estamos falando sobre *seus* ex-professores. O ideal seria que os cientistas mantivessem acesso integral aos laboratórios e instalações de pesquisa. E professores aposentados deveriam, se assim o desejassem, manter um escritório profissional no seu departamento — não em alguma reserva de preservação de criaturas de cabeças grisalhas na periferia do campus. Deviam ter acesso ao auxílio de uma secretária e fundos de desenvolvimento profissional, que sempre estiveram à disposição deles. Deviam ser convidados a comparecer a reuniões do corpo docente e do departamento, ser encorajados a ensinar regularmente e chamados a aconselhar estudantes em suas áreas específicas de interesse. Indo direto ao ponto, deviam ser respeitados pelo que eles são: honrados cidadãos numa comunidade de estudiosos.

Sei que recursos são freqüentemente escassos, e financiar a vida profissional de aposentados não é bem a idéia que qualquer instituição faça do que seja uma atividade essencial. No entanto, estou sugerindo que essa despesa não seja supérflua, e que acadêmicos na ativa poderiam realmente beneficiar-se da ajuda de velhas mãos. Como sempre, cada instituição terá de considerar suas prioridades cuidadosamente, sem menosprezar esta. Pode haver, suspeito, um bom emprego de dinheiro aqui, já que professores eméritos não ganham salários e, de fato, podem querer colaborar com o esforço de levantar fundos entre os seus antigos alunos. Poderia haver explícitos arranjos pelos quais os professores eméritos fossem regularmente convocados para se reunirem com alunos, condicionando o espaço cedido para seus escritórios e o uso das instalações a continuarem, em certa medida, trabalhando dentro da comunidade.

Muitos professores aposentados irão, indubitavelmente, escolher a separação e o esquecimento; baterão em retirada para o sul da Flórida, em seus *trailers*, e irão se ocupar com golfe e leituras casuais, ou irão viver fora do país, perto do mar, bebendo vinho enquanto folheiam jornais estrangeiros; porém esse cenário poderia mudar com o tempo, na medida em que as instituições se abrissem aos benefícios que adviriam de tornar a categoria de professor emérito significativa. A força para efetuar essa mudança teria de vir de ambos os lados da linha de aposentados, de um lado as instituições tomando as atitudes apropriadas e, de outro, havendo a recíproca por parte dos acadêmicos eméritos, que teriam de firmar os compromissos apropriados — com o ensino e com a pesquisa. Certamente o compromisso com a pesquisa seria o principal com os eméritos.

O culto à juventude nos Estados Unidos tem nitidamente prejudicado a academia. Especialmente nas humanidades, excelência na erudição muitas vezes demanda décadas de preparo e imensa paciência. Jovens estudantes à procura de efetivação e bolsas são muitas vezes encorajados a publicar trabalhos imaturos — trabalhos ingenuamente absorvidos por alguma abordagem disciplinar e seu agregado jargão que acontecerem de estar na moda. O antigo símbolo do reverenciado e idoso erudito — cheio de sabedoria e anos, com uma perspicaz e generosa perspectiva na área — parece perdido no tempo, se bem que alguns exemplares da espécie ainda existam.

Conheci um homem que, durante 50 anos de ensino, publicou muito pouco. Era um professor de professores, compromissado com a sala de aula de um modo admirável, sempre ansioso para se encontrar com alunos no seu escritório para debater suas idéias, examinar seus problemas e ler os trabalhos deles. Estava sempre disponível para os seus colegas, demonstrando interesse na pesquisa deles, oferecendo sugestões baseadas em sua vultosa leitura. Por causa da falta de trabalhos publicados, ele provavelmente teria dificuldade de obter uma vaga permanente na academia nos dias de hoje. O que é fascinante aqui é que quando ele finalmente se aposentou, aos setenta e poucos anos, devotou-se à pesquisa, publicando vários trabalhos monumentais sobre a literatura russa na sua frutífera década final de vida. Foi a erudição revelada por uma mente bem formada, amadurecida pelas décadas de voraz leitura em muitas línguas, aprofundada pela experiência.

É claro que é possível superestimar os benefícios da idade, o que pode apenas servir para confirmar o preconceito e maus hábitos sedimentados. No entanto, a sabedoria genuína necessariamente envolve um processo de refinamento que leva tempo. Já conversei com um número suficiente de professores aposentados para saber que o que eles têm a oferecer possui um valor incalculável. O sistema, na sua forma corrente, não encoraja acadêmicos a crescerem e se desenvolverem depois da idade da aposentadoria, o que significa haver pouco incentivo para o desenvolvimento e, de forma igualmente importante, para refinar e utilizar o conhecimento e as habilidades intelectuais adquiridas ao longo de toda uma vida. Os poucos que enfrentam o sistema, que permanecem acadêmicos depois do seu último dia em sala de aula, são exemplares no sentido mais amplo. Deveríamos emulá-los, reverenciá-los e encorajar nossas instituições a colocarem em funcionamento os suportes estrutural, financeiro e emocional que encorajarão todos a ver — realmente ver — que o status de emérito é um objetivo que vale a pena ter em mira.

Detalhes práticos

CARTA A UM JOVEM PROFESSOR

Ok, você conseguiu o seu primeiro emprego. Era assim que eu estava 30 anos atrás, porém — infelizmente — não havia ninguém por perto para me escrever uma carta como esta que estou escrevendo para você. Eu nem mesmo o conheço, porém sinto uma certa responsabilidade, principalmente porque quero poupá-lo de alguns dos erros que cometi, tornar a sua vida na sala de aula, na aldeia acadêmica, um pouco mais fácil. Como todo conselho, você tem a liberdade de aceitá-lo ou não.

Uma das principais coisas que eu posso dizer é que cada professor, assim como cada indivíduo, é diferente. Você tem de ensinar a partir da pessoa que você é. Esta é a única maneira de ser bem-sucedido como profissional, como professor e erudito, como membro da comunidade acadêmica. Você terá de adaptar tudo que eu diga aqui à sua própria visão particular, para alguma versão de si mesmo. A viagem essencial nesta profissão é para o autoconhecimento; isso envolverá perder-se a fim de encontrar-se, perdendo seu fio da meada, tendo de revisar seu senso de realidade vezes seguidas, freqüentemente ajustando-se à nova informação, a novos contextos. Ao modelar este caminho de revisões, você ajudará os seus alunos a aprenderem a construir os seus próprios caminhos.

Vou partir do princípio de que você escolheu a profissão de professor porque acreditava que possuía o dom de ensinar ou da erudição — ou ambos. Você gostou de alguns professores ao longo da vida e achou que poderia emular os seus sucessos. Talvez fosse apenas fascinado por este campo: literatura, física, seja o que for. Você desejava passar a sua vida cercado por pessoas fascinadas por este campo do conhecimento, que se dedicam seriamente ao seu trabalho. Talvez gostasse do cheiro do laboratório ou da biblioteca, da sensação de ter revistas eruditas em suas mãos. Você gostava de ouvir pessoas inteligentes argumentarem. Esse é provavelmente um lugar tão bom para começar como outro qualquer; você, contudo, tem de abrir caminho na profissão: entre estudantes e entre seus colegas, alguns dos quais terão voto no seu processo de efetivação.

Novamente, voltarei ao conselho básico: seja você mesmo, porém crie em cima dessa noção, adicione a você mesmo, some a si mesmo, amplie-se. Torne o seu ponto de vista conhecido para os estudantes e para os seus colegas. E não tenha medo de mudar de opinião se necessário. "Uma consistência tola é o duende dos espíritos pequenos", disse Emerson. Sempre gostei desse aforismo; deu-me coragem, muitas vezes, para mudar minha opinião.

Deixe-me dizer logo que cometi o erro de não tornar o meu ponto de vista conhecido já de início. Fiquei constrangido, assustado e inseguro quanto ao valor de minha posição pessoal sobre diversos assuntos acadêmicos e outros mais. Ficava quieto, e mesmo mudo, em reuniões de departamento. Ficava intimidado pelo barulho de colegas que expunham os seus pontos de vista de uma maneira que me perturbava. Era um tanto hesitante também com os alunos. Deixava que impunemente dissessem as maiores tolices na classe, ou cometessem erros crassos, sem minha objeção. Tudo isso era estupidez minha. Foi um erro. Olhando para trás, quisera ter sido capaz de me posicionar e falar de uma perspectiva clara, arriscando um ponto de vista.

Isso pode ser um conselho impossível. Uma perspectiva clara leva tempo para ser desenvolvida, exige trabalho árduo, e muitos reposicionamentos pessoais. Corresponde ao equivalente espiritual da meditação, mesmo da oração. Quanto mais cedo você começar essa tarefa, melhor. Sempre faça a si mesmo as perguntas básicas: Por que estou fazendo isto? O que devo dizer aos alunos sobre este assunto? Que valores agrego à profissão? Em que instância concordo ou discordo das posturas prevalentes? Estou com medo de dizer o que penso?

A melhor coisa que você pode fazer por si mesmo, como um jovem educador, é pensar e falar honestamente, registrando de maneira inequívoca a sua posição atual, ao mesmo tempo cultivando uma certa abertura para a mudança, para as posturas e abordagens dos outros. Ser respeitoso com todo colega e todo aluno: escutá-los, profunda e sinceramente. Porém, falar a sua parte quando for a hora, deixando que sua opinião se assente em quem for possível.

Lembre-se de que você conseguiu o emprego porque alguém o julgou um erudito competente: crítico literário, físico, historiador, filósofo. Nos estágios iniciais de sua vida professoral, você terá poucas credenciais — um título de doutor, talvez, algumas pequenas publicações. Porém, você está começando. O principal é manter a visão de longo prazo: entenda que você ganhará uma posição segura na área, porém isso custa tempo e esforço. Tente imaginar uma longa trajetória para si mesmo, como erudito e professor. Visualize-se como um membro sênior do seu departamento, da sua profissão. Pense o que significou para você chegar lá e como você chegou lá. Eu adorava fazer listas de livros que um dia podia vir a escrever quando estava com meus vinte anos. Com quase sessenta, fico surpreso com quantos destes livros — ou livros como aqueles — eu efetivamente escrevi. É divertido olhar adiante, sonhar, considerar o escopo de sua vida antes de ela se desenrolar. Ajuda a tomar uma certa direção.

Parece sempre haver aqueles que preferem empregar seu tempo na sala de aula à biblioteca. Isso é problemático no mundo acadêmico, pela maneira como ele evoluiu, especialmente se você ensina em uma instituição competitiva, onde os padrões para publicação são razoavelmente altos. O meu palpite é que se você quiser empregar a maior parte do seu tempo na sala de aula, pensando sobre os seus cursos e seus alunos, deve se assegurar de que está trabalhando para uma instituição que valorize o ensino. Várias faculdades menores, especialmente aquelas com clientela mais regional, não demandam muito em termos de publicações para a efetivação. Você tem de ter certeza de que entende quais os reais requisitos para a efetivação na sua instituição, e não há melhor caminho para descobrir isso do que fazer perguntas, indagando principalmente àqueles que obtiveram sua cadeira efetiva há menos tempo. Eles terão uma boa idéia do que é requerido, e provavelmente apreciarão uma discussão franca sobre o assunto.

Você também pode fazer perguntas para descobrir a que tipos de professores foi negada a efetivação recentemente. Estou há tempo o bastante nesse meio para ter presenciado muitos bons professores serem dispensados pela faculdade onde eu trabalhava porque não tinham conseguido publicar um livro a tempo para a avaliação. Achavam que o seu caso seria diferente. Evite uma surpresa desagradável e certifique-se de que entendeu exatamente o que é requisitado, estando ciente de que toda instituição abre exceções. Porém, não confie em ser você a exceção à regra, já que provavelmente não será.

A coisa principal é que você deve levar o seu trabalho — tanto como professor quanto como erudito — a sério. Trabalho duro é o nome do jogo, tanto na vida acadêmica quanto em qualquer outro lugar. Você deve preparar cada curso meticulosamente, reservando tempo para redigir um roteiro inteligente, fácil de seguir. Os alunos detestam o que é vago, obscuro, ou a falta de objetivos claros. Assegure-se de que o seu roteiro permita que os alunos entendam exatamente o que lhes é exigido; quantos trabalhos escritos, de que tamanho, qual é o prazo de entrega, e assim por diante. Tenha certeza de que os exames da metade e do final do curso estão listados em negrito. Então, certifique-se de ser fiel ao roteiro. Não há nada mais frustrante para um aluno do que presenciar um professor afundar-se e deixar de atingir seus objetivos.

Isso, é claro, não quer dizer que flexibilidade não seja importante. Você pode muito bem aventurar-se em caminhos paralelos, breves excursões que servirão de certa forma para ilustrar um ponto ou, meramente, para entreter os estudantes, dar-lhes um alívio cômico. Tudo bem com isso. Mas volte ao menu logo que seja possível. Alunos não gostam de voltar para casa sem saber onde estiveram, sem sentir que alguma coisa foi alcançada.

Durante a primeira aula de qualquer período, diga aos estudantes abertamente o que significa uma boa nota, na sua opinião. Isto é, diga-lhes o que eles precisam fazer para serem bem-sucedidos em seu curso tão diretamente quanto lhe for possível. Eu digo algo desse tipo para os meus alunos: "Se vocês quiserem obter um A neste curso, terão de escrever trabalhos que demonstrem genuíno frescor de reflexão, e mesmo certa originalidade. Quero ver que vocês se engajaram numa matéria de maneira profunda e pessoal. O trabalho deve ser bem organizado e sem erros mecânicos. Deve ser bem documentado e bem argumentado. Se eu enxergar ali um esforço sincero e evidente, que entretanto pareça derivado de outro trabalho, algo clichê, ou piegas, você pode ainda conseguir uma espécie qualquer de B, se o trabalho apresentar um padrão decente de clareza e força intelectual. B significa bom, não ótimo. É, atualmente, o padrão para um aluno razoavelmente esforçado e honesto. Se o trabalho for mal organizado e de alguma forma medíocre na apresentação de um argumento razoavelmente óbvio, você pode esperar um C de alguma espécie. Eu reservo D para aqueles que demonstram falta de responsabilidade, e apresentam um trabalho verdadeiramente fraco em termos de argumento e redação. F é para aqueles que deixam de apresentar qualquer coisa que se pareça com um trabalho de nível universitário — ou àqueles que pegam seu trabalho emprestado da internet." Faço esse discurso várias vezes ao ano, e fixo-me aos mesmos critérios.

No que diz respeito à freqüência da turma, será melhor avaliar qual é a sua proposta. Passei um bom tempo numa universidade britânica, onde o comparecimento às conferências era estritamente "opcional", de modo que tenho sempre certa relutância em forçar os meus próprios alunos a comparecerem a uma aula grande, especialmente no formato de palestra. Seminários, contudo, somente funcionam se a turma comparece e se todos estão envolvidos, de modo que eu sempre deixo claro que a freqüência é obrigatória. Ultimamente, insisto que meus alunos compareçam aos meus cursos com formato de palestras também, muitas vezes provocando-os com esta tirada: "Devo avisar a vocês que tenho uma memória fotográfica. Depois de fazer a chamada duas vezes, gravo o rosto de vocês, e sempre saberei quem esteve presente ou não. Cuidado." Desde que inventei essa fala, muito raramente observo ausências significativas.

É desnecessário dizer que o melhor caminho para conseguir que os alunos compareçam às suas aulas com um verdadeiro sentido de compromisso é fazer da sala de aula um lugar onde boas coisas aconteçam. Gosto de me portar de modo extremamente aberto com meus alunos, falando-lhes sobre o que acho e sinto a respeito de um texto, das dificuldades de ler o texto que podem ser pessoais ou podem, certamente, ser parte do próprio texto. Nunca deixo de prover algo divertido ou surpreender a turma com detalhes autobiográficos ao longo do caminho: os alunos estão tentando juntar pequenos pedaços que forneçam uma visão de seu professor, e assim você pode dar uma ajuda. Gosto de fazer piadas — sobre mim mesmo, normalmente. De vez em quando, provoco um estudante com relação às suas roupas ou seu corte de cabelo, ou seja lá o que for: isso pode ser feito de maneira que não os humilhe, mas, na verdade, os faça sentirem-se mais próximos de você. Tento manter a classe avançando em passo firme e isso implica falar um tanto mais rapidamente do que normalmente faria: acho que isso realmente os ajuda a se manterem acordados.

Eu vario o meu ritmo também, algumas vezes, fazendo uma pausa que pode parecer um tempo extremamente longo para alunos que não estão habituados ao silêncio na sala de aula. Use esses silêncios. Deixe a tensão crescer, então quebre-a repentinamente, chamando um aluno pelo nome, batendo na mesa. Todos esses métodos parecem algo farsescos e teatrais, porém você deve lembrar que uma aula é uma performance. Quase tudo que você possa fazer para realçar essa performance é permissível.

É possível prender a atenção dos estudantes de modo útil se você vez por outra levar recursos visuais para a classe ou utilizar quaisquer que sejam os dispositivos de alta tecnologia à sua disposição, tais como projeção de imagens geradas por computador ou videoclipes. Sou um professor que usa pouca tecnologia, um verdadeiro Luddite na maioria das ocasiões, mas fico impressionado com colegas que empregam tecnologia com eficácia e vez por outra faço tentativas de usá-la. (Ainda me lembro de um conferencista na Escócia que brandia uma espada viking enquanto lia passagens de épicos islandeses. Era cômico, porém eficiente à sua maneira. Todos ficavam vividamente marcados pelo que poderia significar "descer" uma espada daquelas, como um antigo poeta nórdico escreveu, "com força, sobre um pescoço nu e quente".

Lembre-se de que o seu trabalho é demonstrar perante os alunos o *processo* de pensar. Não se limite a ler um roteiro que você preparou, palavra por palavra. Isso é enfadonho — a menos que você tenha uma habilidade extraordinária de leitura. Nunca é bom cair no sono durante a sua própria preleção. Em vez disso, dance na corda bamba da fala improvisada. Pense na matéria que deseja transmitir e torne esse pensamento explícito e dramático. Sue e chore se for capaz. (Eu não sou.) Agonize em público. (Isso eu consigo.) Faça parecer como se estivesse descobrindo cada pensamento como se fosse o próprio Einstein tropeçando na teoria de relatividade. Lembre-se de que você está tentando transmitir aos estudantes a sensação de pensar, assim como os próprios pensamentos. Não é o bastante simplesmente confiar na matéria que tem a ensinar.

Para fazer a performance desse modo, sem tornar a sua aula um vaso que, embora lampeje, está vazio, dedique bastante tempo à preparação e tenha certeza de que para cada aula você tem um conjunto de objetivos por escrito. Faça a si mesmo essas perguntas: Com o que deve sair da aula o seu aluno? Que dados específicos são essenciais? Que postura a respeito da matéria você deseja transmitir? Que perguntas poderiam ter os alunos que você pode responder? Como você pode torná-los ávidos de expandir os seus conhecimentos sobre determinado assunto?

Já que ensino literatura, tenho a vantagem de trabalhar a partir de um dado texto. O texto permanece no centro de cada aula e eu adoro lê-lo em voz alta. Eu dramatizo a aventura do texto, o som do seu sentido, a textura física do seu ser. Tento colocar em foco momentos de transição, trechos difíceis. Também estou consciente do silêncio em torno das palavras, a ausência inserida nas presenças da escritura. Com freqüência discorro por que motivo aquele texto é, ou não, encarado como canônico. Localizo a sua situação política, sua situação na cultura em geral. Nunca hesito em me referir a textos paralelos, trabalhos que podem estar relacionados a esse texto, encontrados na cultura popular: programas de TV, filmes, revistas, o mundo dos esportes. Eu incuto nos alunos que cada texto é escrito por um homem ou mulher alojados num modo de vida e numa época específicos. O que são os fatos relevantes, então? Como tais fatos se relacionam com o próprio texto? Essas coisas interessam aos alunos, que estão vivendo suas próprias vidas, em seu próprio tempo, e querem saber como deveriam reagir a elas.

Quando comecei a ensinar, queria já ter entendido que o ensino e a erudição estão integralmente articulados, que se reforçam mutuamente; que não deveria haver separação entre ambos. Porém, queria ter entendido também que os professores devem, e isso normalmente acontece, chegar a seu acordo particular com a profissão, e que nunca é sábio fazer julgamentos sobre seus colegas. O velho ditado bíblico "Não julgues, a menos que queiras ser julgado" ainda vale. Sem dúvida, você será julgado pelos seus colegas mais velhos em várias etapas do jogo; eles vão avaliar o seu ensino e a sua erudição, assim como a sua contribuição para a comunidade. Porém, não há sentido em tentar avaliá-*los*, a menos que você seja instado a fazer isso. Generosidade é sempre a melhor abordagem.

Quanto ao velho ditado "Publique ou morra", você deve olhar ao redor e avaliar o que é suficiente para a sua instituição. Um artigo ou dois podem bastar. Ou você pode precisar publicar dois livros para obter sua cadeira efetiva. De um jeito ou de outro, deve conhecer a sua situação e certificar-se de que, haja o que houver, você conseguirá ser efetivado. Eu não consegui da primeira vez, e isso transformou a minha vida num inferno por alguns anos. Não permita que aconteça a você. Dê muita atenção às suas aulas e desenvolva uma rotina que lhe permita oportunidade de pesquisar e escrever. A grande bênção dos empregos acadêmicos é que há sempre tempo o bastante para essas duas atividades — na maioria das instituições. Se acontecer de você estar ensinando em um lugar onde as obrigações de ensino sejam especialmente intensas, há chances de que as exigências quanto à sua erudição sejam menores.

Tudo bem caso você deseje permanecer nessa instituição ou em outra similar. Tenho um amigo que ensina numa faculdade comunitária e se sente extremamente feliz ali. O seu foco é a sala de aula, é claro. No entanto, já conheci um bom número de acadêmicos mais jovens que se fixaram em empregos que não conseguem tolerar, por uma razão ou outra. Com freqüência, desejam ensinar em uma instituição "melhor", ou onde se exija muito mais pesquisa e trabalho escrito. Se você se encontra nessa situação, lembre-se de que não é impossível "publicar o suficiente para dar o fora" de onde quer que esteja. Haverá sempre uma demanda substancial para acadêmicos de alto nível e produtivos. Se você deseja tornar-se um desses, terá de se dedicar à tarefa de maneiras muito específicas, encontrando tempo para engajar-se em pesquisas, assistir a conferências, ler periódicos sobre a sua área e conhecer outras pessoas envolvidas no tipo de pesquisa que lhe interessa. Tudo isso pode ser feito.

O ponto crucial que eu diria a alguém que entra na profissão de professor é que você deve valorizar muito a noção de uma comunidade de eruditos. A academia é um lugar muito especial, e adquire muitas formas diferentes. Porém, todo mundo dentro da aldeia acadêmica está, em algum nível, envolvido na busca da verdade, na aquisição de conhecimento. Uma importância muito grande é dada, no interior dessa comunidade, à noção de discurso. Haverá sobre você a expectativa de que tome posições, que assuma sua defesa e que esteja disposto a mudar de opinião quando novas informações lhe forem apresentadas, se justificarem uma mudança de opinião. Ser flexível, porém firme. Dispor-se a assumir riscos em suas discussões com os colegas e alunos, no que você escreve e na sua pesquisa. Nenhum bem virá da timidez, da preguiça, do recolhimento. Tenha a expectativa de que a comunidade apoiará seus esforços, e ela o fará: justamente do mesmo modo que você demonstrar apoio por aqueles à sua volta.

Isso tudo é básico. Queria que alguém tivesse me enviado essa carta, e que eu a tivesse lido, há cerca de 30 anos. Teria facilitado um pouco a minha vida, então.

HORAS DE ESCRITÓRIO

> Wittgenstein tinha uma extraordinária capacidade de adivinhar os pensamentos da pessoa com quem estava engajado numa discussão. Enquanto o outro lutava para encontrar palavras que traduzissem o seu pensamento, Wittgenstein o expressaria... pelo outro. Este seu poder, que algumas vezes parecia misterioso, tornou-se possível, estou certo, por conta de suas próprias prolongadas e contínuas pesquisas. Ele sabia o que a outra pessoa estava pensando porque ele próprio tinha viajado inúmeras vezes através dessas tortuosas curvas e desvios do seu raciocínio.
>
> Noel Malcolm, *Ludwig Wittgenstein: Uma memória*

As horas no escritório pontuam a vida profissional de todos os professores, uma parte familiar da vida acadêmica. São, normalmente, numa carga menor do que as horas dentro da sala de aula, porém muitas das melhores experiências de ensino que eu tive aconteceram naquelas horas de atendimento. Período após período, década após década, esperei com a porta ligeiramente entreaberta, os pés em cima da mesa, pronto para um tipo de trabalho muito especial.

Parte do que é divertido nas horas no escritório é que você nunca sabe quem irá aparecer: um aluno do passado, há muito esquecido, atolado numa crise de meia-idade ou ansioso por reativar seu interesse naquela área; um aluno atual, ansioso a respeito de um trabalho escrito que logo terá de ser entregue ou uma prova que se aproxima; um amigo de um amigo, cuja filha ou filho é aluno de nível médio tentando decidir para qual faculdade tentará entrar; um colega nervoso, ou querendo compartilhar uma piada; um representante de uma editora, carregando o pacote com os últimos livros didáticos da área como se fosse um revólver. Eu poderia prolongar esta lista *ad infinitum*.

Inúmeras visitas inesperadas ao meu escritório destacam-se na minha memória. Aquela que recordo mais nitidamente ocorreu no meu primeiro ano de ensino em St. Andrews. Era um dia cinzento, tipicamente escocês, no início dos anos setenta, quando meu escritório ficava no último andar de Castle House, um edifício de granito com uma vista maravilhosa para o mar do Norte e uma fortaleza medieval arruinada. Eu era um professor visitante e conhecido como alguém sempre disposto a ler e debater poemas dos alunos. (A redação criativa, como disciplina, ainda não havia chegado às universidades escocesas. Isso aconteceria mais tarde em St. Andrews, e com uma vingança — modelada no programa americano MFA.) Eu tinha reservado algumas horas da tarde de quarta-feira, quando, habitualmente, não havia aulas. Tinha reuniões informais com todo aquele que tivesse um poema precisando de atenção. Nessa ocasião em particular, uma senhora idosa e miúda bateu, acanhada, à porta e já quase ia embora quando eu gritei: "Entre!"

Ela tinha um rosto redondo, gasto pelo tempo, um comprido casaco de tecido grosso e um chapéu estufado. "Você é o homem da poesia?", ela perguntou, seu sotaque farfalhando com o peculiar som consonantal típico da região.

"Sou eu mesmo", respondi.

Ela entrou agitada na sala e sentou-se no lado oposto da minha mesa, vasculhando uma vasta bolsa de mão. "Escrevi um poema", disse ela, com firmeza, mostrando um texto escrito numa caligrafia grossa. "É de natureza pessoal."

Era um poema de amor frustrado, e eu lembro palavra por palavra os cortantes versos finais:

> E a lembrança foi a sífilis
> Contraída quando você me fodeu
> Com eletricidade e desprendimento.

Fiz uma pausa para permitir que essas palavras penetrassem inteiramente em mim, então levantei uma cautelosa sobrancelha: "Com eletricidade *e* desprendimento?", perguntei, gentilmente. Ela apertou os lábios e disse, com algo semelhante a uma raiva havia muito reprimida: "É *verdade*."

Não tive dúvida de que era verdade. Nunca duvidei de que as histórias assombrosas que tenho escutado durante todos esses anos de minhas horas de escritório fossem verdadeiras. Estas incluem aventuras de arrepiar os cabelos, no exterior, em lugares remotos, loucas disparadas em veículos estranhos, ferozes dinâmicas familiares, perdas trágicas, trabalhos colocados no lugar errado ou destruídos por computadores, acidentes anômalos, amores não correspondidos e doenças misteriosas. De vez em quando, um estudante realmente entra em meu escritório com uma pergunta relacionada às aulas.

Em St. Andrews, o sistema tutorial de Oxford reinava, em parte por imitação ao de Oxford e Cambridge, onde muitos dos professores tinham estudado. Logo me acostumei aos prazeres e rigores do ensino um-a-um — primeiro como estudante, depois como professor. O sistema funcionava assim: um curso de preleções formais era ministrado numa sala fria para um grande número de estudantes de graduação sonolentos. A presença nunca era obrigatória nestas performances, e era normalmente baixa. No entanto, os alunos eram sempre designados a tutores com quem se encontravam uma vez por semana (individualmente ou em grupos de dois ou três) no escritório do tutor. Tive alguns dos meus melhores momentos, como estudante, nesses tutoriais.

Um professor genial do Departamento de História insistia para que os alunos comparecessem a tutoriais semanais em sua casa, que ficava a uma curta caminhada do campus central da universidade. Dizer que a casa era desarrumada não faz justiça à bagunça daquele lugar: jornais velhos e livros amontoados em torres precárias, enquanto gatos obesos andavam a esmo por sobre a mobília, que já tinha conhecido dias melhores — talvez num século anterior. Invariavelmente, chá brutalmente forte e biscoitos rançosos eram servidos pela esposa do tutor, de aparência sofredora e melancólica, que ficava de pé silenciosamente junto à porta do escritório do marido, escutando o tutorial e esperando o momento em que precisasse encher de novo a xícara do aluno. O escritório do professor era muito frio, sem aquecimento a não ser o de um "aquecedor elétrico" colocado próximo o bastante aos tornozelos do aluno para lhe causar sérias queimaduras, se ele não tomasse cuidado. O aluno lia em voz alta o ensaio que lhe fora requisitado, enquanto o tutor limpava o seu cachimbo, algumas vezes murmurando em concordância ou balançando a cabeça, incrédulo. O ritual de apresentação do ensaio era seguido por uma ácida crítica. "Não, Sr. Parini", ele entoou certa vez. "O senhor não pode generalizar sobre o sistema feudal no Reino Unido durante a Idade das Trevas. Não havia tal lugar como o Reino Unido naquela época. Na verdade, não houve nenhuma Idade das Trevas."

Sempre apreciei os comentários irônicos feitos por meus tutores, especialmente este, porém meu temperamento como professor desaprova sarcasmo ao tratar com alunos, se bem que eu prefira certa franqueza quando discutimos seus trabalhos, especialmente durante esses encontros um-a-um. Não concorre para acentuar o progresso intelectual do aluno oferecer-lhe elogios torcidos e evitar os problemas já evidentes. As horas de escritório fornecem um lugar e tempo no qual a crítica honesta pode ocorrer sem a interferência social que transforma a sala de aula num fórum mais complicado para se exercer a crítica. Eu jamais embaraçaria propositalmente um aluno diante de seus pares, porém não me incomodo de dizer coisas duras quando debruçado sobre um trabalho escrito, um poema ou conto no meu escritório.

Ensinar, no seu melhor sentido, é pessoal. Envolve a interação, até mesmo a colisão, de vontades diferentes. Todo mundo pode obter mera informação de um livro didático, assim a "transmissão de dados" é o mínimo da função de um professor. Transformar aqueles dados em sentimentos é o verdadeiro trabalho de educação. É muitas vezes uma questão de postura, quase literalmente: onde um ser humano particular se posiciona *em relação a* um corpo de conhecimentos, um texto, um argumento. Esta espécie de conhecimento articulado pode, sem dúvida, ser transmitido por meio de uma boa conferência, porém nunca é fácil saber como os alunos estão se posicionando durante uma conferência, que atitudes diante da matéria podem ter. Eles entendem o que estou falando? Concordam ou discordam da minha opinião? Será que os estou confundindo? Ou entediando? Estas perguntas com freqüência atravessam o meu cérebro enquanto estou ministrando a preleção. Durante as horas de escritório, o que se passa no íntimo dos estudantes torna-se aparente, e o professor tem a oportunidade de reajustar aquela postura ou — maravilhosamente — ter a sua postura reajustada pelo aluno.

Constantemente, vejo-me desafiado e sou pego desprevenido pelos meus alunos. Faz parte do trabalho de auto-educação que prossegue à medida que as minhas próprias opiniões são submetidas a revisões no interesse de uma maior compreensão e conhecimento. Bem recentemente, fui repreendido por um jovem que tinha escutado na aula os meus pontos de vista a respeito da invasão do Iraque pelos Estados Unidos, que considerava bárbara e tola, mais propensa a aumentar o isolamento americano no mundo e nos jogar diretamente nas mãos de terroristas. Recordo-me de dizer em minha aula que eu achava exasperador que os críticos da guerra tivessem tido seu patriotismo posto em dúvida por vários comentaristas e políticos, que pareciam ter pouco respeito pela dinâmica da democracia — um sistema de governo que depende do conflito de opinião para sua própria existência. Este estudante em particular entrou em meu escritório parecendo apreensivo. Explicou que era do Tennessee, e que seus amigos e vizinhos tinham de fato opiniões diferentes. Havia uma tradição de patriotismo no Sul que não era muito tolerante em questão de discordância, especialmente em épocas de guerra. Ele próprio sentia que meu tom na classe era demasiado sarcástico e que eu estava supondo as piores motivações naqueles que achavam a crítica à guerra antipatriótica. "Talvez você *seja* antipatriótico?", perguntou com uma levíssima aresta de ironia em sua voz.

Passamos pelo menos uma hora em meu escritório, explorando a idéia do que significava ser patriota e o que era antiamericanismo. O aluno tinha passado o período anterior na Itália, e eu me perguntava se alguém naquele país tinha sido algum dia acusado de ser "antiitaliano". Parecia improvável. Porém o garoto manteve-se firme e fui deixado como se tivesse sido castigado e com uma postura apologética. Moro em Vermont, cercado por colegas e amigos de mentes liberais, a maioria dos quais encarava a invasão do Iraque como um ato de impensada beligerância, que provavelmente estabeleceria o tipo errado de precedente e sem dúvida suscitaria represálias a longo prazo, aumentando o já forte ressentimento contra o poder americano no exterior. Que essa visão representa somente um lado de uma complexa discussão foi algo que esse meu aluno me forçou a enxergar, e sei que me beneficiei enormemente por ter minhas prezadas convicções questionadas. Ando mais cauteloso agora quando me refiro a esse assunto em aula.

Em situações um-a-um, durante as horas de escritório, ocorre muitas vezes uma troca entre professor e aluno que pode apenas ser chamada de erótica. Acho que George Steiner expressou isso bem em Lições dos mestres, seu pequeno livro sobre ensino: "Erotismo, encoberto ou declarado, fantasiado ou evidente, está entremeado ao ensino, na fenomenologia entre mestre e aluno. Esse fato elementar tem sido trivializado por uma fixação em assédio sexual. Mas continua central. Como poderia ser outra coisa?" Este assunto — a transferência erótica entre professor e aluno, e suas armadilhas — encontra-se no espírito de escritores contemporâneos, de David Mamet e J. M. Coetze a Francine Prose, Saul Bellow e outros. Na verdade, as tensões homoeróticas entre Alcibíades e Sócrates, conforme foram dramatizadas em *O simpósio*, representam um exemplo clássico. Ninguém que tenha ensinado por muito tempo deixou de experimentar a estranha fascinação e intimidade da relação professor-aluno; é algo que vai além do sexo. Ultrapassa aquilo a que os psicólogos se referem como transferência. Existe um amor genuíno na transmissão de conhecimento, e isso envolve compreensão: o professor deve conhecer de fato o aluno, e com alguma profundidade, para que o ensinamento possa ocorrer da maneira mais intensa. O aluno deve sentir um amor verdadeiro pelo professor. Todos nós já experimentamos isso, desde a 1ª série até a pós-graduação, e mesmo depois disso. Amei meus melhores professores. E esse *eros* é naturalmente perigoso tanto quanto benéfico.

Entendo inteiramente os perigos do assédio sexual, e entendo que a transferência, muitas vezes, tem algo a ver com isso, quando os alunos pensam no professor como seu pai ou mãe. Existe um poder peculiar que um professor exerce sobre o aluno, e um dos benefícios da experiência com que conta o professor é saber como usar aquele poder para ajudar os estudantes, e não para magoá-los. O poder sedutor do ensinar bem pode facilmente resultar em mera estimulação sexual; isso é lamentável. No entanto, esse poder pode ser usado tanto para o bem como para o mal, e não há realmente possibilidade de negar esta verdade. O erotismo do ensino deve ser compreendido e dominado; deve ser *utilizado*.

Com freqüência, penso num velho ditado que escutei de John Dickey, um ex-presidente de Dartmouth, com quem costumava me encontrar para drinques, ocasionalmente, logo que comecei a ensinar. Ele disse: "Tudo que uma educação requer é um aluno interessado, um professor empenhado e um tronco razoavelmente bom." Temos muitos troncos caros para nos sentarmos hoje em dia, mas a fórmula ainda é a mesma: um professor empenhado, um aluno interessado e duas cadeiras numa sala tranqüila. Praticamente, não existe como prever até aonde se possa chegar a partir daí, porém a jornada freqüentemente será divertida — para o professor e também para o aluno.

SOBRE CONFERÊNCIAS

> Falamos, porém é Deus quem ensina.
>
> Santo Agostinho

A despeito dos esforços bem-intencionados para limitar os tamanhos das turmas em muitas universidades, a palestra permanece o principal formato de ensino. Os altos custos da educação superior são tais que poucas instituições podem descartar inteiramente esse tipo de aulas, embora seminários bem menores sejam preferíveis, tanto para alunos quanto para professores universitários. Com apenas um professor pago e uma grande turma com estudantes pagando a mensalidade, como se pode derrotar os números? No meu ponto de vista, isso não é necessariamente ruim.

Palestras fazem parte de uma grande tradição, é claro. Remonta à fraternidade de Pitágoras, à Academia de Atenas e a várias escolas, tais como os peripatéticos e os sofistas, que mudavam de aldeia para aldeia, arrastando grandes multidões para casas particulares ou fóruns públicos, arrecadando taxas por suas explanações. (Um deles, Pródico, parece que chegava a cobrar 50 dracmas por cada conferência sobre o uso apropriado da língua: uma incrível soma naquela época.) Nos séculos XI e XII, eruditos errantes iam de uma cidade para outra, buscando platéias, muitas vezes em vão; grupos de estudantes interessados reuniam-se e contratavam os melhores. Se as palestras dos eruditos não conseguissem estimular nem instruir, os clientes iam embora e o palestrante passava fome ou ia trabalhar na fabricação de arcos e flechas ou em falcoaria. Num sistema desses, valia a pena ter bem afiadas suas habilidades como conferencista.

De certo modo, nada mudou. Poucos professores nas faculdades americanas conseguem ganhar a vida dando apenas tutoriais ou seminários, embora todos saibam que a melhor experiência no ensino normalmente ocorre nesses espaços mais intimistas, onde as mentes entram em refrega e os estudantes podem testar ativamente seu conhecimento em uma determinada disciplina. Num mundo ideal, turmas pequenas e tutoriais individuais predominariam; porém, mesmo num mundo desses, as conferências fariam falta. Boas conferências, quero dizer.

Não há nada provavelmente mais intolerável do que uma má conferência. Todos que já estiveram numa faculdade já se sentaram num daqueles miseráveis assentos com o braço para escrever dobrável, rabiscando num caderno (ou, por vezes, no braço da carteira) enquanto um mortalmente desinspirado professor desperdiçava uma hora ou mais de nosso precioso tempo. Nunca considerei essas horas completamente desperdiçadas, já que sonhar acordado pode sempre ser produtivo, um tempo aproveitado para planejar encontros sociais, refletir sobre futuros projetos, vasculhar reminiscências. (Tive alguns dos meus melhores pensamentos eróticos enquanto escutava eruditas, porém chatas, apresentações sobre variados temas arcanos.) Mais ainda, adoro rabiscar: fazer listas de palavras estranhas ou inventar títulos para poemas ou romances ainda não escritos. Quando era estudante, por vezes, divertia-me escrevendo obscenos *limericks* — aqueles curtos poemas humorísticos — que, de alguma maneira, sempre se referiam ao conferencista. (Havia um professor chamado X/ Que não era muito dado a sexo...)* O problema era que eu tinha a mania de soltar altas risadas em ocasiões inesperadas e inoportunas, perturbando o conferencista e tornando uma má conferência ainda pior.

Também tive a experiência de escutar conferencistas extremamente criativos e estimulantes — do tipo que me deixava impaciente para me aprofundar ainda mais sobre o assunto e me fazia entender por que eles achavam sua disciplina importante e mesmo excitante. Esses conferencistas tinham a capacidade de segurar a mim e à classe inteira, como se nos enfeitiçasse, do mesmo modo como o faria uma boa peça teatral. De fato, a analogia funciona bem: a sala de conferências era um teatro, o professor, um ator. A pessoa podia observar alguém pensando em voz alta, apanhado no ato de encontrar soluções para problemas reais, empenhando-se em expor a matéria como se a própria vida dependesse dos resultados. O conferencista, nessas circunstâncias, tratava de gerar suspense, com a classe querendo saber como ele iria chegar até o final desse ato mágico, "o espírito no ato de encontrar/o que seria suficiente", como Wallace Stevens certa vez escreveu. Um professor em St. Andrews, Lionel Butler, precipitava-se para dentro de uma sala de palestras metido em sua longa túnica preta; ele insistia para que os estudantes usassem suas túnicas escarlates, o traje tradicional dos estudantes de graduação em

---

*Em inglês: *"There was a professor called X/Who was never much given to sex..."*

St. Andrews. Essas túnicas acrescentavam um sentido teatral. As entradas e saídas de Butler eram intempestivamente dramáticas, e as preleções eram pequenos dramas históricos elegantes, formulados com perfeição. O professor Butler especializou-se nas Cruzadas, e qualquer um que assistisse a suas preleções sentia-se como se tivesse estado em Jerusalém e voltado no final do período.

A verdade é que grandes preleções não podem ser falsificadas: todo estudante sabe disso instintivamente. Isso significa que cada preleção genuinamente boa é o produto do compromisso de toda uma vida com um corpo de conhecimentos, um produto de anos de reflexão e leitura; a preleção representa — e apresenta — um jeito de ser no mundo ao mesmo tempo que demonstra certo domínio de uma disciplina. Também representa um desdobramento de significação, um processo de Dar Vida que conduz ao interior do Ser — ou o que os gregos chamavam de *aletheia*. Eu sempre me emocionava, o que ainda acontece, quando me sento numa imensa sala e escuto alguém falando do fundo do coração, sem pretensão, sobre alguma coisa que acha essencial. Certamente isto requer considerável habilidade e verdadeira coragem para falar, despida e francamente, com controle de emoção, de frente para uma platéia, especialmente para uma que seja jovem. Os alunos conseguem por vezes ser muito dispersos, até mesmo desdenhosos.

Eu sempre desejei ter ouvido Wittgenstein em Cambridge. Ele ensinava lá bem antes do meu tempo, mas li muitos relatos sobre sua performance e conversei com várias pessoas que efetivamente assistiram às suas famosas aulas. Ele sempre tinha um problema filosófico específico em mente quando entrava na sala de preleção, seu rosto endurecido pelos próprios pensamentos, os olhos inexpressivos, como se lhe tivessem desligado o cérebro do mundo sensorial. Pensava em voz alta, expressando suas inquietações com os problemas do dia, como se as persianas da sua mente — uma coisa aterradora em si — fossem abertas repentinamente e a turma pudesse penetrar no mecanismo turbulento do seu cérebro. Era, segundo suas próprias palavras, um processo de "exposição" ou "ostentação". Era ensinar em seu sentido original: *techen*, que em inglês medieval significa *demonstrar* ou apontar numa direção. De modos variados, Wittgenstein era o professor ideal, alguém que mostrava aos seus alunos o que significava pensar. Ele não lhes dava respostas; apresentava um caminho, uma técnica, para encontrar respostas a problemas. Ele também lhes mostrava como formular um problema e ensinava-lhes a prezar o ato de formulação.

Num determinado sentido, era um professor socrático, acreditando que as soluções para os problemas eram, na verdade, inerentes. "Uma pessoa apanhada numa confusão filosófica", disse ele certa vez para Noel Malcolm, "é semelhante a um homem dentro de um quarto que deseja sair mas não sabe como. Ele tenta a janela mas ela é muito alta. Experimenta a chaminé porém esta é muito estreita. E bastaria ele virar-se e veria que a porta estava aberta o tempo todo!" Tinha a crença inabalável de que um problema é normalmente mais bem resolvido quando se organiza o material já existente na mente, não saindo em busca de nova informação.

O tom era importante para Wittgenstein durante uma conferência. Malcolm lembra que ele com freqüência inventava exemplos fantasiosos para ilustrar um ponto, e que estes poderiam parecer-lhe divertidos. Seu rosto iluminava-se e ele "ria do absurdo do que imaginara". Se alguém na classe sorrisse, contudo, ele ficava furioso e gritava: "Não, não, eu falo sério!" "Wittgenstein não podia tolerar um clima de brincadeira em suas aulas", Malcolm escreve, "o tom que é característico de discussões filosóficas entre pessoas inteligentes que não têm intenções sérias." Suspeito que a tensão gerada pela personalidade do conferencista, neste caso, mantinha os alunos em alerta, aguçados, pensando. Novamente, era muito teatral.

Os estudantes de Wittgenstein ficavam sem fôlego nas suas aulas, perguntando a si mesmos se tanto esforço intelectual não poderia matar o professor. Ele aparentemente tinha toda a sutileza facial e corporal — e a perícia intelectual — necessárias para levar a cabo tal ato. Era um verdadeiro *showman*, mostrando como resolver um problema, e dando aos alunos uma idéia de como é um problema filosófico e por que ele o considerava importante. Seus felizardos alunos experimentaram o *processo* de pensamento filosófico pondo-se aos seus pés. Os bons muitas vezes sentiam que aprendiam como "fazer" filosofia ao deparar-se com esse homem em ação, a personificação do que Emerson certa vez chamou de Homem Pensador.

Certamente não se pode esperar que todo conferencista comporte-se como Wittgenstein — ele era uma extravagância, idiossincrásico ao extremo, fora de qualquer parâmetro, contudo maravilhoso. Seria loucura para um jovem professor imitá-lo explicitamente. Na verdade, o que todo jovem conferencista deve descobrir é que o estilo da conferência deve sempre harmonizar-se com o estilo autêntico da personalidade do professor, refletindo (bastante literalmente) sua atitude ou postura perante o mundo. Não existe chance de ensinar de fora do limite natural de intelecto e emoções do professor, ou do lado de fora do círculo de sua sensibilidade. Professores podem expandir os limites de seu estilo; mas nunca funcionará forçar demais, conforme eu aprendi quando tentei imitar a maneira de ensinar de outra pessoa. Simplesmente não funciona. Fica parecendo algo farsesco, até mesmo ridículo. E os alunos percebem.

Se a postura natural de alguém é irônica, por exemplo, a ironia invadirá a apresentação. Haverá tantos estilos de bons conferencistas quanto maneiras individuais de defrontar-se com o mundo e consigo mesmo, embora qualquer um possa aprender com o exemplo de Wittgenstein, que ajuda a transmitir aos alunos a percepção do próprio processo, a sensação de que o que o conferencista está fazendo tem algo de vitalidade improvisada e *ad hoc* drama de pensamento verdadeiro. Não há nada mais tedioso ou ineficaz do que apresentar material que foi solidamente codificado, enrijecido em conhecimento passivo. (Ainda me lembro, com pavor, de um pomposo e jovem professor de História do meu tempo de estudante que passou a totalidade de suas conferências apresentando as "dez causas da revolução americana" ou "as sete conseqüências da tributação britânica nas colônias americanas". Ele as escrevia solenemente no quadro e devíamos copiar suas anotações em nossos cadernos e reproduzir estas estúpidas seqüências em nossos exames. Não foi surpresa que a sua carreira acadêmica tenha sido abençoadamente curta.)

Não estou sugerindo que a exibição seja tudo. Como qualquer um que tenha passado algum tempo na aldeia acadêmica, vi muitos conferencistas exibidos que se mostraram uma farsa e até mesmo um tanto ridículos. Recentemente, assisti a uma performance *high-tech* ministrada por um conferencista visitante que incluiu em seu show um *laser pointer,* o qual utilizou para iluminar tópicos em destaque sobre uma tela que rolou do teto ao toque de um botão. Havia videoclipes e clipes de música também: tudo, exceto dançarinas do ventre. O conferencista era meticulosamente organizado e obviamente bem ensaiado. (De alguma maneira, consigo visualizar esse sujeito no seu banheiro, ensaiando suas falas diante de um espelho coberto de vapor enquanto se barbeia.) Apesar de tudo isso, a platéia estava notavelmente entediada, e mesmo aborrecida, com a apresentação daquele homem. Eu certamente estava. O problema, suspeito, é que ele era um farsante. Aquela era uma encenação, cuidadosamente preparada porém carente de inspiração. Não pensei, nem por um segundo, que ele realmente se importasse com o que estava dizendo.

Em contraste, certa vez assisti a uma série de conferências em St. Andrews ministradas por um classicista que tinha os modos mais secos já vistos sobre a Terra. Ele soprava pelo nariz vez por outra e falava com uma pronúncia ciciante. Tinha um jeito fixo de encarar, que deixava o auditório profundamente irrequieto. Sua voz era áspera e estridente. Lia anotações em folhas amareladas e suas referências a eventos correntes eram no mínimo atrasadas em uma década. Todos os aspectos do seu estilo eram repugnantes. Entretanto, ele de certa forma conseguia comunicar o seu profundo amor pela matéria, e quando lia versos em voz alta, em latim, sua voz tornava-se trêmula, seus olhos se enchiam de lágrimas. Parecia estar lutando contra seu próprio jeito ridículo para conseguir chegar a algo que importava muito para ele. Eu sempre deixava a sala de conferência inspirado, louco para voltar para o meu quarto e reler certos textos, seguindo suas sugestões de leituras complementares.

Entre os melhores conferencistas que já conheci está Isaiah Berlin, cujos ensaios continuam sendo uma pedra lapidar de minha vida emocional e intelectual. Sem dúvida, ele foi um conferencista de enorme prestígio, alguém que manteve cativas as turmas de Oxford por seis décadas, e que fez conferências ao redor do mundo para grandes e agradecidas platéias. Muitos anos depois de eu ter assistido às suas conferências quando jovem, sentava-me com ele em seu cavernoso escritório no All Souls College, conversando sobre assuntos que importavam a nós ambos. Certa vez eu o interroguei sobre o seu estilo de conferenciar, tão inteiramente pessoal. Ele falava muito rápido, de uma maneira quase cômica. Movia-se ruidosamente e borrifava perdigotos durante horas com sua voz ao mesmo tempo profunda, baixa, nunca fazendo pausas, sem prestar absolutamente qualquer atenção à turma. Sua mente trabalhava rapidamente quando buscava exemplos, citando textos em meia dúzia de línguas com a fluência de um falante nato. Ele parecia quase frenético às vezes, como se o parágrafo seguinte — ele falava no formato de parágrafos perfeitos — pudesse bem conter o ponto final sobre a matéria em questão, e mesmo a "chave para todas as mitologias", como o reverendo Edward Casaubon diria em *Middlemarch*.

"Minhas conferências são apenas extensões de minha leitura, parte da minha discussão com os autores de certos livros que despertam o meu interesse", ele me disse. "Não tenho método. Como todos os alunos na classe, estou tateando em busca do interruptor numa enorme sala escura. Os estudantes ficam me vendo tatear diante deles." Sir Isaiah sempre se mostrava desejoso, bastante humildemente, de deixar a classe observá-lo tateando em busca do interruptor da luz.

Neste momento de minha vida de professor, depois de três décadas de profissão, eu verdadeiramente adoro lecionar. Já faz tempo que abandonei as detalhadas notas de conferências, preferindo um esboço algo solto com os fatos-chave em negrito, somente para me lembrar de uma data ou título ou frase. Eu levo citações de críticos, que podem vir a ser úteis, datilografadas ou fotocopiadas, fáceis de manusear. E também um texto manuscrito, sublinhado com grossas linhas coloridas, de forma que meu olho sabe prontamente onde aterrissar na excitação do momento. Além disso, ponho-me diante de todas as turmas como se estivesse nu, contente por comportar-me tão tolamente quanto for necessário para fixar meus argumentos. Apenas falo sobre coisas que me importam, porém tento explicar por que essas coisas importam de maneira que os estudantes sintam o que eu sinto sobre elas. Se tudo o que querem são os fatos, podem procurar noutro lugar, talvez num livro didático. Porém, não comigo.

CONDUZINDO SEMINÁRIOS

Qualquer um que tenha tido o privilégio de assistir a um seminário de primeira categoria entende o seu valor. O seminário é o intermediário entre a conferência e o tutorial individual, um lugar no currículo onde os estudantes têm a oportunidade de conhecer o professor de uma maneira particular e de testar o seu conhecimento de uma disciplina em confronto com o dele. Os seminários podem representar experiências igualmente estimulantes para o professor e para o aluno, se bem que conduzi-los seja um trabalho difícil; requerem do professor habilidades que só podem ser obtidas por meio da prática e da autodisciplina.

Como professores de faculdade, normalmente, não temos na graduação a oportunidade de conduzir um seminário. Na maioria das vezes, temos de confiar em nossa memória de bons seminários para imaginar como conduzi-los. Tive um ou dois seminários na graduação que me prepararam bastante bem para refletir sobre a forma que deveriam ter, e com freqüência conversava com meus colegas estudantes sobre o que funcionava ou não. Aconteceu que três dos meus antigos professores ou amigos tinham estudado em Oxford com o lendário classicista Eduard Fraenkel, um berlinense de ascendência judaica. Em 1934, Fraenkel fugiu dos nazistas para ocupar uma cadeira de literatura clássica no Corpus Christi College, onde logo se tornou uma lenda, atraindo os melhores classicistas jovens da época para os seus seminários.

"Eu ficava aterrorizada com aqueles seminários", Iris Murdoch (que estudou com Fraenkel no final dos anos trinta) certa vez me disse. "Fraenkel não tinha paciência com idiotas." Ela descreveu a sua severidade — quase cinqüenta anos depois de conviverem — com reverência e fascinação. Fraenkel tinha escrito estudos notórios sobre Plauto e Horácio, e ficou com justiça famoso por uma edição do *Agamenon,* de Ésquilo, que se tornou o padrão pelo qual todas as edições futuras de textos clássicos (e seus comentários) seriam julgadas. Seu comentário era extraordinariamente rico e sagaz, referindo-se a séculos de erudição com aparente facilidade, dando incessantemente breves (porém iluminadas) opiniões ao longo do caminho; o tipo de coisa que qualquer um que conduz o ideal platônico de um seminário faria.

Na verdade, Fraenkel refletiu sobre a influência de seus seminários em Oxford nas suas pesquisas posteriores na sua edição de *Agamenon:* "Meu leitor favorito, cujo rosto bondoso e paciente me confortaria por vezes durante as infindáveis horas de enfadonho trabalho, surpreendentemente se parecia com alguns dos alunos que trabalharam comigo durante muitos anos em Oxford, nas nossas felizes turmas de seminário sobre o *Agamenon.* Sem a inspiração, e muitas vezes a retificação e cooperação daqueles jovens, eu não teria sido capaz de completar o comentário. Se eles achavam determinada passagem particularmente difícil, era razão suficiente para que eu a examinasse e discutisse tão profundamente quanto fosse capaz; e mais de uma vez foi a preparação cuidadosa que fizeram, suas perguntas e todo o esforço persistente que desenvolveram que tornou possível alcançar o que nos pareceu uma solução satisfatória." Fraenkel acrescentou, um pouco depois: "Qualquer um que tenha conduzido seminários sabe que o bom senso dos jovens muitas vezes despedaça os sutis esquemas dos mais velhos e que somente o mau ensino pode impedir os jovens de falar sinceramente o que estão pensando."

Fraenkel deixa claro que o sucesso de seus seminários dependia da crítica de mão dupla: o professor pode dar origem a uma noção, porém são os alunos que a "corrigem". Há um toma-lá-dá-cá. O seminário por si demanda uma fluidez, uma agilidade, enquanto a busca da verdade eleva-se acima de qualquer demanda do ego da parte da pessoa que o conduz. O seminário em si vem à vida pela dialética, o processo que trabalha no sentido de uma compreensão compartilhada. Fraenkel depositava sua confiança nos alunos, na habilidade deles de escutar, de fazer refinadas distinções e de aplicar "o bom senso do jovem", algo que pode ser perdido com a idade.

Meu velho amigo Gordon Williams, um conhecido erudito em latim de Yale e antigo estudante de Fraenkel, rememorou-o num ensaio, depois de sua morte. "Para Fraenkel, ensinar era a comunicação da erudição e ele era um professor brilhante", ele escreve. "Até estudantes apáticos eram infectados com a vitalidade de idéias que penetravam neles porque efetivamente ganhavam vida por intermédio do conferencista. Assim, ele despertava interesse em temas como a métrica grega, que professores comuns reduzem a fórmulas mecânicas. Métrica era para ele o som e movimento da poesia e da canção: a recitação (mesmo cantada) era predominante nessas conferências (sua interpretação rouca e grave da canção das rãs em *As rãs* era memorável). Porém, sua maior contribuição para o ensino em Oxford foi nos seminários, um dos quais, pelo menos, manteve-se ministrando todos os anos quase até o dia de sua morte... Esses seminários eram ocasiões de formidáveis e diretas confrontações com um grande erudito e, como tais, aterrorizantes. Uma vítima, certa vez, rindo, descreveu a cena como um grupo de coelhos liderado por um arminho. "Entretanto, a maioria dos alunos aprendeu a esquecer o terror pelo simples interesse de aprender a expressar suas idéias e de tê-las testadas contra a erudição de Fraenkel, e por aplicarem eles próprios algumas das técnicas dele."

Desnecessário dizer que poucos condutores de seminários podem ter a esperança de se igualarem a Fraenkel, porém qualquer um pode aprender muito escutando os relatos sobre tal professor. Quando eu comecei a ensinar em Dartmouth nos meados dos anos setenta, entregaram-me um seminário em meu primeiro ano. Escolhi o tópico "O artista e a sociedade". Líamos livros de James Joyce, Jean-Paul Sartre, Thomas Mann e outros. Ainda me recordo da mesa envernizada numa sala na Baker Library. Uma dúzia de alunos ansiosos e muito inteligentes acotovelava-se em volta dela. A principal impressão que guardei daquele seminário foi a de ouvir o som de minha própria voz. Estava assustado e falava muito. Quando os estudantes falavam, estava ocupado demais pensando em minhas respostas para ouvir direito o que estavam dizendo. Não me surpreenderia se achassem o seminário bastante enfadonho.

"Eu ficava aterrorizada", Iris Murdoch me confessou, "esperando que os olhos de Fraenkel se voltassem em minha direção. 'Srta. Murdoch', ele dizia, 'o que você acha desses versos?' Duvido que alguém tenha alguma vez ficado em pânico com meus seminários, e eu fico bastante contente por isso. A velha versão germânica do professor como mestre do universo, como uma figura imperiosa que aterroriza seus alunos e que não padecerá de respostas insuficientemente brilhantes não combina bem com o mundo democrático das faculdades americanas. Entretanto, os alunos não precisam de uma figura dominadora e erudita para se sentirem intimidados. Já é assustador o bastante ter de dizer alguma coisa, qualquer coisa, a uma mesa de seminário, diante dos próprios pares, não importando a postura do professor.

Aprendi, com o correr dos anos, a escutar mais atentamente quando os estudantes falam e tomar o que quer que digam — mesmo coisas "tolas"— com seriedade. (Os melhores professores são capazes de tirar leite de pedras.) Prestar atenção não significa simplesmente voltar os olhos na direção dos alunos, focalizando algum ponto acima do nariz. Significa avaliar a postura dos alunos em relação à matéria, verificando o quanto a estão compreendendo, tentando checar o *quanto* e o *que* estão entendendo de cada tópico em particular. Significa recusar-se a responder apressadamente, ou superficialmente, apenas para permitir que o diálogo continue fluindo.

Parece útil lembrar que alguém "conduz" um seminário. A analogia com o condutor de uma orquestra é apropriada e instrutiva. A matéria do seminário (e os textos ou problemas considerados) forma uma espécie de partitura; os estudantes já terão, com maior ou menor grau de êxito, dominado a partitura antes de entrar na classe. A expectativa é, de fato, que terão se preparado para a aula lendo o material, refletindo sobre o que dizer. O trabalho do condutor é fazer brotar essa música intelectual, fazer o arranjo, estabelecer o tempo da execução. Imagine uma orquestra, se assim você quiser, *sem* um condutor. Não haveria compasso, nenhuma ênfase, nada de interpretação. Um grupo de alunos reunindo-se para discutir, digamos, *Hamlet*, sem um líder do seminário, daria voltas e tergiversaria. Não haveria alguma instigação para se pensar sobre as motivações de Hamlet, ou de sua mãe e do marido dela. Poderiam até mesmo faltar destaques de temas importantes. Pode até acontecer de não serem destacados temas importantes, motivações, padrões simbólicos. Passagens significativas poderiam facilmente passar superficialmente.

Um seminário invariavelmente reflete a personalidade do professor, a pessoa que "conduz" a classe, criando o clima, colocando a discussão em movimento e dando formato ao seu curso. Disso, tenho certeza. Porém, um bom seminário deve refletir também a personalidade dos alunos. Começo todos os meus seminários atualmente com este prefácio: "Este seminário não é sobre mim. É sobre vocês. O sucesso ou fracasso do curso repousará sobre os seus ombros tanto quanto sobre os meus. Devemos dar impulso juntos, participando tão completamente quanto possível, compartilhando os nossos pensamentos e sentimentos sobre a matéria, escutando cada um respeitosamente e com atenção. A única coisa que espero de vocês ao entrarem nesta sala é, bem, tudo. Eu quero os seus corações e espírito nesta mesa."

Com o decorrer dos anos, aprendi a dar ritmo a um seminário. É sempre útil contar com uma ou duas perguntas instigantes de reserva na cabeça para a turma "responder" no decorrer de cada sessão, e deve-se passá-las antes para os alunos. Com freqüência finalizo uma sessão dizendo: "Em nosso próximo encontro estaremos refletindo sobre X. Por que é que isto ou aquilo é assim? Como podemos ter certeza?" Os alunos devem receber tarefas específicas e alguns devem ser designados num dado dia para responder a um texto ou pergunta. Esta é a arquitetura básica do seminário — a partitura essencial, se assim preferir. A função do líder do seminário é saber "conduzir" a turma através do tempo disponível, trazendo todos — ou quase todos — os alunos para a discussão, cortando digressões quando não parecerem relacionadas à linha principal do argumento, questionando os alunos quando eles disserem coisas pouco claras ou talvez infundadas.

Um grande estudioso como Fraenkel, suspeito, raramente se enganava sobre o significado de uma passagem, se bem que mesmo ele mantinha-se aberto a ser "corrigido", segundo dizia. Parecia que apreciava esses momentos de iluminação. Já eu, com freqüência, estou equivocado a respeito das coisas, e tenho a expectativa de que os alunos me "corrijam". Defendo a idéia de que todos devemos nos arriscar a fazer afirmações baseadas em palpites; devemos a seguir testar essas afirmações em contraposição ao texto e às forças da razão. Assim procedendo, teremos de revisar as nossas formulações. O trabalho do grupo, afinal, tem por objetivo refinar estas formulações, para que possamos avançar sempre para uma maior compreensão e para formular afirmações mais acuradas.

Gradualmente, a pessoa, como professor, aprende a apreciar a dinâmica do grupo. Freqüentemente, os estudantes chegam à classe despreparados. Nessa situação, evito envergonhá-los por uma questão de princípio, porém não sou contra fazê-los sentir o fardo da sua inércia. "John, vejo que você não leu *The Oven Bird* com a devida atenção", poderia eu dizer. "De outro modo, não haveria como você achar que se trata de um poema sobre um peru de Ação de Graças." O humor, como sempre, faz a crítica mais palatável. Foi muito raro encontrar alunos recebendo de boa vontade repetidas críticas ao seu despreparo. Com freqüência, dou-lhes uma tarefa especial para o próximo encontro; eles é que se encarregarão de "nos conduzir", é o que sempre digo. Isso os põe sob o holofote principal, e normalmente os envolve no assunto.

Os alunos se tornam mais animados num seminário quando se vêem eles mesmos conversando e trocando opiniões que seus colegas e seu professor acham sensatas ou interessantes. É sempre possível descobrir qual o nível de compreensão de um aluno e conduzi-lo de modo que o ultrapasse, fazendo novas articulações e começando a se "descobrirem", eles próprios, pessoas inteligentes que sabem se expressar e questionar idéias levantadas pelo professor ou por outros alunos em volta da mesa. Metade do trabalho de qualquer seminário — do ponto de vista do professor — é conseguir estudantes envolvidos com seriedade.

Não existe substituto algum para a preparação, como todos que já conduziram um seminário devem saber. O professor deve dispor de um profundo e apaixonado conhecimento da matéria, estar ciente de outros materiais relevantes sobre o assunto e de suas diferentes abordagens. Deve estar desejoso de tornar esse complexo conhecimento disponível aos estudantes, e dar-lhe a forma de pensamento crítico a cada passo. Isso pode intimidar os alunos; porém, vale a pena. Os alunos devem sair de um seminário entendendo que o professor genuinamente se emociona com essa matéria e que certos padrões — certos *valores* — entram em questão quando se trata de fazer julgamentos. Gosto de ser muito franco e honesto, explico aos meus alunos por que certos poemas, por exemplo, foram cruciais para a minha formação tanto emocional quanto intelectual, como pessoa, assim como membro da comunidade erudita. Gosto quando o próprio seminário imita o modelo dessa comunidade, enchendo a sala de excitantes discussões, debates, bom humor, pensamentos rigorosos e — certamente — *aprendizagem*.

A RESPONSABILIDADE DOS PROFESSORES

Professores da faculdade, na condição de membros daquele grupo suspeito conhecido como intelectuais, têm enorme responsabilidade para com a sociedade e seus alunos. Em seu ensaio seminal *A responsabilidade dos intelectuais*, Noam Chomsky medita sobre o papel dos intelectuais na sociedade, sublinhando suas obrigações: "Intelectuais estão numa posição de expor as mentiras do governo, analisar ações de acordo com suas causas e, freqüentemente, suas intenções ocultas. No mundo ocidental, pelo menos, eles têm o poder que emana da liberdade política, do acesso à informação e liberdade de expressão." Aqueles que vivem e trabalham dentro da academia têm as horas de lazer, as fontes de informação e a perícia analítica requeridas para formular uma apreciação embasada a respeito do logro cometido pelos governos e corporações contra o povo. Poucos deles, sem dúvida, se dão o trabalho de aproveitar seu poder nesse sentido, o que é lamentável; mas a sala de aula é outro assunto.

A idéia de "politizar" a sala de aula horripila a muitos, com boa razão. Na grande maioria dos casos, as sociedades garantiram que escolas e universidades sejam lugares onde os jovens são treinados para seguirem caminhos que promovem os interesses do *status quo*. Como James Bryant Conant, um antigo presidente de Harvard e filósofo de educação, observou muitos anos atrás, em *The Child, the Parent, and the State*: "Alguns professores e administradores protestam imediatamente contra qualquer linha de argumentação que se inicie com frases como 'a nação precisa hoje'. Sua atenção tem sido centralizada por tanto tempo sobre o desenrolar da individualidade de cada criança que eles automaticamente resistem a qualquer idéia de que um novo interesse nacional possa ser um importante fator em planejar um programa." Conant argumentou que escolas e faculdades devem trabalhar arduamente para treinar "cientistas" que poderiam combater a Guerra Fria e prover uma classe empresarial para corporações americanas. Deus nos livre que um professor ignore "objetivos nacionais" quando estiver ensinando uma classe.

Em muitos países, como Itália e França, professores são empregados diretos do Estado. De fato, assim acontece em muitas universidades dos Estados Unidos. Parece portanto quase despropositado que professores devam perseguir qualquer coisa como uma crítica a seu próprio governo ou sociedade de dentro da academia. "Objetividade" significa criticar outros Estados, outras formas de governo. Assim, durante a Guerra Fria, ninguém teria parecido "fora dos limites" ao criticar asperamente a China comunista, Cuba ou a União Soviética. Isso teria sido perfeitamente aceitável, até mesmo esperado. Após os anos sessenta, sem dúvida, já vimos inúmeras críticas marxistas nas universidades americanas — um grupo muito atacado pela direita, que imagina alguma espécie de infiltração de subversivos. Nos primeiros anos do século XXI, seria difícil encontrar qualquer pessoa num departamento profissional de governo vangloriando-se de uma ligação com a doutrina marxista. Remanescentes excêntricos do marxismo tendem a se concentrar em departamentos de língua e literatura, onde o jargão é tão espesso que ninguém consegue mesmo entender o que estão dizendo, algo que os torna inofensivos.

A tradicional suposição a respeito das universidades americanas é que os professores ensinarão num estilo ideologicamente neutro, portanto "objetivamente". Porém, simplesmente ignorar a política não é nem bom para o ensino nem bom no sentido moral. Nos cursos de literatura, por exemplo, eu freqüentemente trato de poetas e romancistas que expressam fortes opiniões políticas no que escrevem; não há como contornar algo assim, a menos que meticulosamente vasculhem toda a literatura para censurar aqueles que ofendem a doutrina da neutralidade. Proceder dessa maneira seria expurgar os textos, que são "políticos" da pior forma possível. Suspeito que seria difícil encontrar *qualquer* assunto em ciências humanas no qual a política não se insira, tanto explícita quanto implicitamente. Não reconhecer essa implicação equivale a cortejar a irresponsabilidade como professor e intelectual sério.

Até mesmo hesito usar a palavra "intelectual". Existe um tal rompante antiintelectualista na América que quase nos esquecemos de que o termo descreve apropriadamente uma função. Intelectuais trabalham com suas mentes, armando e manipulando conceitos e idéias. Professores são, por definição, intelectuais, no que eles não apenas trabalham com suas próprias mentes, mas para demonstrar a gerações de jovens como podem trabalhar com as suas, assimilando informação, escolhendo informação, fazendo julgamentos sobre a validade e proporção de interpretação. O problema é que o termo possui implicações negativas.

O termo carrega consigo (historicamente) um sentido de oposição. Data do século XIX, e passou a ser usado durante o abominável Caso Dreyfus, quando "intelectuais" tais como Émile Zola tomaram uma posição impopular contra o governo, que tinha acusado injustamente um homem de espionagem. A imprensa de direita — e a maior parte da imprensa na França no século XIX cabe bem nessa descrição — investiu contra os "intelectuais", que pareciam não entender que sua função era apoiar o Estado. Intelectuais — escritores, jornalistas, professores — usualmente faziam isso. Na Rússia, certamente, qualquer grupo de tipos revolucionários via a si mesmo como "intelectual" e instigou uma revolução. Nos Estados Unidos, no início do século XX, intelectuais boêmios inundaram as cidades, causando distúrbios. Mesmo na Inglaterra havia uns sujeitos intrometidos, metidos a espertos, tais como os fabianos. Bernard Shaw e Bertrand Russell eram escritores, e eram arruaceiros. (Russell foi para a cadeia por se opor à Primeira Grande Guerra.) Pelo menos era assim que o sistema os considerava.

Durante os anos cinqüenta, os Movimentos dos Direitos Civis receberam a adesão de inúmeros intelectuais, embora esse termo dificilmente se aplique a Martin Luther King ou Jesse Jackson, mesmo sendo pessoas nobres. Durante a Guerra do Vietnã, um pequeno grupo de intelectuais ativistas se lançou à tarefa de dar corpo à oposição contra a guerra. Um grande movimento popular iniciou-se com alguns pensadores persistentes nos campi universitários. Feministas intelectuais se seguiram, agora nos anos setenta, ocasionando substanciais mudanças na sociedade. E houve um gotejar constante de ativistas sociais nos campi universitários nos últimos 30 anos: feministas, ambientalistas, os que se opunham à guerra, os que faziam campanha por direitos civis e liberdades. Na maioria dos casos, havia nisso muito pouco do sentido do intelectual como crítico. Quantas vezes qualquer daqueles incluídos nessas categorias efetivamente marcaram posição contra a opinião majoritária, ou se comportaram "fora de linha" em relação ao ponto de vista predominante? Ocasionalmente, como no final dos anos sessenta, um pequeno grupo de intelectuais teve êxito em mudar a opinião pública, como no caso do Vietnã. Porém, foi algo excepcional.

Na maioria dos casos, os intelectuais continuam a trabalhar para manter o sistema à tona, mesmo para desencorajar questionamentos ativos dos pressupostos básicos. Durante a recente guerra no Iraque, por exemplo, uma grande comunidade de analistas políticos (muitas vezes trazidos das faculdades, os assim chamados *Think Tanks*, ou Pensadores Corporativos) colaborou com o governo para persuadir um público já disposto a acreditar que Saddam Hussein representava uma ameaça direta à segurança americana. Noite após noite na tevê aberta e em vários canais a cabo, *experts* reuniam-se (com algumas notáveis exceções) para emitir alertas sobre as armas de destruição em massa. Esta ameaça, como descobrimos, foi abusadamente exagerada, se bem que alguns destes mesmos "intelectuais" — tal como Kenneth M. Pollack — apressaram-se a vir com argumentos suplementares para justificar a guerra: Saddam era uma má pessoa, que tinha de ser erradicada, ele era uma força de desestabilização no Oriente Médio; tinha promovido chacinas contra o seu próprio povo. E assim por diante.

As perguntas verdadeiras e óbvias eram amplamente ignoradas. Por que eliminar Saddam e não um outro das várias dúzias de ditadores ao redor do mundo que exploram ou perseguem seu próprio povo? Por que o *establishment* intelectual permitiu ao governo Bush fazer de Saddam e Osama bin Laden parecerem equivalentes, quando estavam claramente em lados opostos de uma religião e de uma disputa política? Como poderia o governo deixar de planejar o que deveria fazer depois da guerra? Por que *realmente* invadimos o Iraque? Foi pelo petróleo, como a maioria do povo no mundo (fora das fronteiras dos Estados Unidos) simplesmente supõe? Onde estavam as teimosamente isentas e céticas análises que deveríamos receber?

As *motivações* americanas raramente são questionadas pelos intelectuais a serviço do poder no Estado. Empregue uma manhã de domingo instrutivamente, assistindo aos *talk shows* nos quais "intelectuais" se reúnem para discutir as notícias da semana. É displicente e acriticamente assumido que o governo americano age de maneiras que refletem os desejos da maioria dos contribuintes, no melhor dos interesses do povo, tanto interno quanto no exterior, com generosidade de espírito e um terno e bondoso coração. A verdade é, sem dúvida, que governos americanos têm tradicionalmente agido como todos os governos poderosos: dedicam-se a promover os interesses econômicos e sociais daqueles que pagaram alto para elevarem-nos às posições de poder. Especialmente (porém não somente) nas sociedades democráticas, isso significa que os governos devem assegurar a cooperação das massas. Nesse contexto, os intelectuais desempenham um papel crucial, garantindo que as questões erradas sejam perguntadas, e as questões difíceis, rejeitadas.

Tudo isso soa tremendamente cínico, e eu de fato quero evitar repetir chavões aqui. Muitas pessoas inteligentes e honestas trabalham seriamente para fazer críticas sensíveis e humanas ao poder americano. Na academia, tem havido muita "desconstrução", se bem que não se pode evitar de perceber a ineficácia quase cômica dessa atividade. Se, como tantos críticos populares da academia acusam, há uma insidiosa tática "liberal" — nos campi universitários e na mídia — para identificar interesses de classe, para revelar preconceitos raciais e étnicos, e para promover as causas dos desprotegidos, a situação corrente sugere que tais esforços têm sido de fato conduzidos com ineficiência. Na verdade, poucos alunos saem da faculdade hoje em dia "radicalizados" por seus professores. Na realidade, a última safra de formandos parece apolítica, amplamente preocupada com sua própria sobrevivência econômica.

A mídia, como sempre, provê distração. Há muito "entretenimento" em que todos parecem perpetuamente preocupados, brincando com o equivalente emocional e intelectual de videogames. Raramente vejo uma pessoa jovem num avião ou num trem que não esteja ligada a algum aparelho jorrando música em seus ouvidos. A televisão está agora infestada de canais, todos fornecendo a mesma programação: eventos esportivos, musicais, comédias estropiadas centralizadas em homens e mulheres jovens querendo se divertir à custa de todos os seus semelhantes no mundo, *reality shows* que nada têm a ver com a realidade, filmes baratos de ação, *talk shows* nos quais ninguém tem alguma coisa séria para dizer. Há críticas sociais que conseguem, por alguma razão, sorrateiramente penetrar em alguns programas de desenhos animados, tais como *Os Simpsons* ou *South Park*, embora essa crítica seja seguramente desvirtuada, mascarada de cinismo. De modo geral, alguém poderia assistir a um milhão de horas de televisão por ano sem esbarrar numa reflexão crítica séria.

Um dos poucos lugares na vida de uma pessoa jovem em que a possibilidade de crítica séria ainda existe permanece sendo a sala de aula da faculdade. Eu me recordo de ir para a faculdade em 1966 como um calouro ingênuo que ainda retinha muitas suposições sobre a natureza do universo das que me tinham sido ensinadas numa igreja batista fundamentalista, que fui forçado a freqüentar por longo tempo de minha juventude. Durante meu primeiro semestre, entrei num curso introdutório de religião; lemos o trabalho de teólogos modernos como Paul Tillich, Rudolph Otto e Reinhold Nichbur. Fiquei atordoado: desorientado, perturbado e mesmo zangado. Meu professor, um homem jovial que entretanto deixou claro que era altamente cético em relação a todo dogma religioso, entendeu minha crise de fé e eu passei horas em seu escritório, percorrendo os costumeiros argumentos pró e contra a autoridade da Bíblia, a existência de Deus, a natureza dos valores cristãos. O meu mundo interior fora revirado para sempre. E me tornei consciente de sofisticados argumentos teológicos e filosóficos que estavam, sem dúvida, em circulação na comunidade acadêmica por mais de um século, remontando ao Criticismo alemão. Uma vez nessa rota, eu jamais seria o mesmo novamente.

Gostaria que mais alunos que entrassem para a faculdade se deparassem com seus valores desafiados e mesmo subvertidos. Tudo na vida anterior dos alunos fora voltado para a conformidade e a aceitação de valores sociais. A cega fidelidade à bandeira, a algum dogma religioso, a um time, a alguma classe social é implicitamente ensinada por meio da mídia, por professores e pais, pela igreja e administradores escolares. Há sempre um ou outro professor de ensino secundário que conseguirá plantar algumas sementes de dúvidas em alunos receptivos, porém, reflexão crítica genuína é drasticamente escassa. A experiência universitária, portanto, se transforma em espaço crucial onde a educação em sua forma mais significativa pode ocorrer.

Tento falar o mais abertamente possível acerca dos meus sentimentos políticos em aula, deixando claro que são os *meus* sentimentos, e não a verdade de Deus. Os alunos precisam saber que o seu professor vive no mundo, é afetado por idéias, por eventos públicos. Com freqüência, digo que quero que os meus alunos, por analogia, aprendam a ler o mundo tão bem quando certos textos canônicos. Isso significa prestar atenção ao discurso público e enxergar a relação entre o que é dito nos noticiários, falado em público, e o que poetas e romancistas decidem dizer — e como eles o dizem.

É muitas vezes revelador pegar um segmento de um discurso feito por um líder político, tal como o presidente, e submetê-lo à espécie de escrutínio que geralmente se reserva para um poema. A linguagem política, mais do que nunca, tornou-se um cavalo de Tróia; a linguagem parece bastante inocente, e parece dizer alguma coisa. Porém, guardados dentro, escondidos, estão os explosivos. Quando o presidente Bush diz explicitamente que "nosso objetivo no Iraque é a paz", o melhor que teríamos a fazer seria empunhar os nossos rifles.

Como Chomsky destaca, os intelectuais — e professores — estão numa posição em que podem desmascarar mentiras, raciocinar publicamente, fazer perguntas que raramente serão feitas na mídia. Eu sem dúvida considerava a sala de aula um lugar excitante, quando era aluno, durante a Guerra do Vietnã, porque muitos de meus professores aceitaram sua responsabilidade e recusaram-se a ser coniventes com a enganação do público. Meus professores desafiaram-me a reconsiderar todas as minhas idéias sobre a natureza da realidade que eu julgava como se fosse a verdade de Deus. No entanto, estou grato a eles por seus esforços em meu benefício e quero proceder em minha sala de aula de um modo que dignifique o exemplo que recebi deles.

Conclusões

É primavera na aldeia acadêmica, com árvores frutíferas florescendo por todo o campus, o terreno cheirando a lama fresca, e mais uma vez os meus pensamentos se voltam para o verão. Fico pensando naqueles meses compridos e deliciosos quando, sem telefone tocando e provas para corrigir sobre minha mesa, sem reuniões na faculdade e sem horas de escritório, sem aulas para preparar, estou livre novamente para me dedicar com exclusividade ao meu trabalho literário. Meus e-mails se restringem a comunicações com alguns bons amigos. Algumas manhãs, eu posso até mesmo passar dormindo.

Porém, a primavera também traz consigo uma pequena sensação de pavor. "Abril é o mês mais cruel", escreveu T. S. Eliot — um memorável verso. Penso nele novamente enquanto o cortador de grama zumbe do lado de fora das janelas abertas de minha sala de aula, um vento doce sopra arrastando provas de cima de minha mesa, e eu começo a antecipar o fim de outro ano escolar, com as muitas perdas que inevitavelmente fazem companhia a esse momento, marcadas tão nitidamente pela cerimônia de formatura, quando meia-dúzia de garotos a quem cheguei a realmente me afeiçoar, mesmo amar, acenam para mim da plataforma enquanto se preparam para entrar na vida adulta, diplomas na mão. Estou consciente de que um ou dois de cada turma irão permanecer amigos para sempre, porém sei também que haverá aqueles — a maioria dos quais eu sinceramente considerei amigos — que se afastarão para sempre. Não é culpa deles, digo para mim mesmo. Vão estar ocupados. Logo, esposas e filhos reclamarão as suas atenções. Eu sou apenas uma figura passageira em suas vidas; eles sabem disso e eu também sei. Não é tão ruim quanto parece, dadas as demandas que eu mesmo sinto como cônjuge e família, com um círculo de amigos que tende a se alargar década a década. Existe apenas um tanto de atenção para se distribuir por aí.

Começo a sentir este pequeno terror no final de março, quando é primavera em Vermont e começa a degelar. Pilhas enormes de material acumulam umidade nos cantos, derretendo lentamente, de forma que lá para meados de abril há poças d'água em toda parte e tenho pela primeira vez que usar minhas galochas de cano alto para chegar à faculdade. Esta é a chamada estação da lama em Vermont, e traz com ela certa sensação de relaxamento também. Já me adiantei, amarrando melhor as coisas de cada curso e revirando na cabeça possíveis questões para as provas e temas de trabalhos finais. Fiz frenéticas chamadas telefônicas para alunos trabalhando em projetos de último ano, lembrando-lhes que suas revisões estavam quase vencidas e que o final se aproximava. É nessa altura que começo a fazer dos formandos pessoas que logo vão desaparecer de minha vida, provavelmente para sempre.

A situação deste ano é, talvez, exacerbada pela chamada síndrome do ninho vazio. O segundo de meus três filhos se formará no final deste período. Ele foi aceito na faculdade na qual realmente queria estudar, assim eu acho que ele vai mesmo embora. Vai para algum lugar onde não o posso acompanhar — e nem ia querer fazer isso. O seu quarto vai se transformar em quarto de hóspedes, e ele se tornará um visitante honorífico, desses de passar finais de semana, uma pessoa que veremos em feriados ou durante períodos de férias. Nossas conversas nos anos vindouros acontecerão principalmente pelo telefone. É o que se chama de vida, e eu simplesmente não gosto de muitas coisas dela, embora tenha tirado algum consolo de um depoimento que li no jornal na semana passada, feito por uma mulher que havia acabado de completar cem anos de idade. Quando lhe perguntaram se tinha algo a dizer a alguém que quisesse atingir a sua idade, ela respondeu, muito simplesmente: "Dê boas-vindas às mudanças."

Nem sempre é fácil dar boas-vindas à mudança. É contra a natureza humana em certo nível básico, porém eu fui vagamente preparado para dar essa volta no eixo da vida, suponho, pela perda de alunos favoritos, ano após ano, durante quase três décadas. Nunca me conformo quando eles partem. Você os conhece calouros, com aquela inocência no olhar e a pele coberta de espinhas; parecem garotos de colégio, e a ansiedade das primeiras semanas de aula é sempre tocante. Logo, ganham experiência, aprendendo os atalhos para um bom trabalho, aprendendo a ler de forma crítica e tudo o mais. Eles arranjam namorados e namoradas e a autoconfiança deles parece se enfunar. É gratificante, porém existe alguma perda também. Pode ser difícil recuperar a atenção deles.

Na primavera do seu último ano, muitos alunos se tornam vulneráveis novamente. Eu passava horas falando com eles em meu escritório, ou em casa, tomando uma xícara de chá, sobre os seus futuros. Deveriam entrar no ramo editorial? Podem ganhar a vida como escritores? É possível escrever e ter outra profissão ligada, digamos, a investimentos bancários? Já me tornei um veterano em responder francamente a perguntas rotineiras, encorajando sem criar uma falsa impressão de segurança. Não é fácil encontrar um trabalho que nos agrade, é o que lhes digo; porém tais empregos realmente existem. Seja corajoso. Persiga sua bem-aventurança, como Joseph Campbell colocou. Porém, não vá à falência durante o processo. Sempre conserve uma carreira alternativa em mente. Não seja exagerado. Se a localização significa bastante para você, comece daí. E vá adiante. Todo mundo que já ensinou em faculdades tem experiência nisso.

É claro que não somente os formandos irão desaparecer de minha vida, quando chegar maio e junho. Os empregos na academia se tornaram instáveis, nas últimas três décadas. Isso significa que muitos professores assistentes e instrutores permanecem como colegas por apenas um ano ou dois. Estas assim chamadas posições terminais (um termo hediondo) tor-

CONCLUSÕES

nam-se relacionamentos cruéis. Aprendo a gostar de muitos colegas mais jovens. Ficamos amigos, compartilhamos idéias e histórias, jogamos basquete e tênis juntos, almoçamos e jantamos à mesma mesa. E então eles vão embora. É duro para eles, certamente, porém para mim, também. Nossa comunidade é despedaçada, e bons colegas nunca são realmente "substituídos", como o jargão sugere que eles possam ser.

Os casos de quem não consegue efetivação são talvez os mais difíceis de suportar. Todos os anos, inúmeros colegas em Middlebury não obtêm êxito no processo. A eles é dado um "ano terminal". É uma perspectiva horripilante. Eu mesmo passei por isso, digamos assim, e a efetivação me foi negada na primeira faculdade onde ensinei. Aconteceu há mais de vinte anos, mas me lembro nitidamente da sensação de terror que me possuiu. Passei um ano perambulando pelo Departamento de Inglês como se fosse um fantasma, consciente de que meus colegas estavam com medo de me olhar nos olhos. Eu não tinha certeza se continuaria sendo professor e me sentia desmoralizado na sala de aula. Foi talvez o pior ano de minha vida, profissionalmente. (O grande consolo de minha vida naquele período foi ter-me casado recentemente, e era tão feliz quanto seria possível naquelas condições.)

No final das contas, sobrevivi à experiência bastante bem, e suspeito que a minha história pessoal com relação a esse aspecto tornou mais fácil conversar com colegas que foram "repudiados", como costumamos dizer. Embora eu saiba que isso proporciona conforto apenas limitado, eu lhes conto a minha experiência, e as experiências de bons amigos a quem também foi negada a efetivação nos primeiros anos da carreira. Com freqüência retomam a sua vida, e mais felizes, em outro lugar. Eu retomei.

Outra perda acontece sob a forma da aposentadoria. Tenho idade bastante para ter visto mais do que uma geração de colegas mais velhos se aposentarem. Minha experiência tem sido que, uma vez que essas pessoas vão embora, não as vemos como anteriormente. É possível encontrá-las na biblioteca, na sala de espera do dentista ou no correio. Elas sorrirão, abatidas, e cumprimentarão com a cabeça, como se lhe dissessem: "Você ainda me reconhece?" Você o reconhece perfeitamente, ainda que através da máscara da idade: as rugas profundas, a postura encurvada, os cabelos embranquecidos. Pelo menos a voz nunca muda, e nisso há algum consolo.

É comum me incomodar com as cerimônias anuais de formatura quando o presidente pede àqueles que estão se aposentando na faculdade para ficarem de pé para uma salva de palmas. Sempre me choca quando descubro que este e aquele estão indo embora. Como se atrevem? Estão realmente com 60 anos? Sessenta e dois? Sessenta e cinco? (Claro que me sinto muito aliviado quando certos colegas se aposentam, do mesmo modo que me sinto aliviado quando certos alunos saem de minha vida com um diploma na mão. Os finais de curso podem também ter aspectos bastante positivos.) A aposentadoria de colegas naturalmente me faz lembrar a minha própria aposentadoria. Tenho agora 56 anos; assim, imagino que ainda tenha algo entre seis e nove anos de trabalho como professor à minha frente, se bem que pareça impossível predizer o curso da saúde de alguém ou, aliás, os sentimentos de alguém à medida que o fim se aproxima. Aposentar-se ou não se aposentar, eis a questão.

Há sempre a morte, também, que parece rondar ameaçadoramente o final de cada período, uma presença escura por trás do suave azul do céu. Jamais entendi por que isso acontece, exceto que ocorrem mais festas no último mês, mais ou menos, do período de primavera, e o álcool flui copiosamente nesses eventos. Duas ou três vezes vivenciei a perda de um aluno que conhecia bem, já no final do seu curso na faculdade, e um mau presságio me assalta todo mês de maio.

Os finais são sombrios, e ninguém consegue fugir dessa verdade, mesmo quando a encare pelo lado mais brilhante. "Em meu fim está o meu começo", Eliot também escreveu, parafraseando um provérbio francês em *Four Quartets*. De fato, somos sempre lembrados pelos oradores da formatura de que o fim representa o começo. Ok, já entendemos. Os alunos estão saindo para entrar na vida, fazendo uma transição. Isso é certamente verdade, e alguém iria preferir que fosse de outra maneira? Estou (vagamente) consciente de que realmente desejo que o meu adorado filho se forme no colégio e entre para a faculdade. Quero que ele tenha uma grande vida, por sua própria conta: que seja uma pessoa livre e independente. Para ele, fiz a parte do leão da minha paternidade, embora tenha certeza de que há muito mais por vir.

Mesmo com alunos, estou consciente de que o meu papel em suas vidas ainda não está acabado. O número deles que permanece em contato depois da formatura sempre me surpreende. Por alguns bons anos, muitos ainda requisitam cartas de recomendação e conselhos sobre a carreira. Como professor de escrita criativa, espero ler esboços de poemas e romances durante muito tempo depois que um aluno especialmente talentoso tenha deixado minha tutela. Em alguns casos felizes, encontro livros seus publicados em minha caixa de correio, e é excitante. Também sei que todo ano um número deles voltará nos finais de semana dos ex-alunos e procurarão por mim, às vezes com um garoto de 17 anos a reboque, o qual deseja fazer uma excursão pela faculdade. Muito ocasionalmente, encontro algum aluno mais velho nas ruas de Manhattan ou Boston, embora algumas vezes nem os reconheça com suas roupas de trabalho, depois de me habituar a vê-los usando suéteres unissex, jeans e tênis. Há um pouco de consolo no fato de uma porção de ex-alunos se tornarem para sempre amigos, permanecendo em contato regular.

Deixando a cerimônia de formatura, que sempre parece ocorrer no dia mais sufocante do ano, experimento aquela velha sensação grandiosa: emoções misturadas. Claro que fico certamente feliz que os meus alunos tenham conseguido formar-se, que estejam partindo para o mundo. A felicidade deles é evidente, com a família e os entes queridos cercando-os, beijando-os na testa e dando-lhes pancadinhas nas costas. Sou subitamente apenas um apêndice, um intruso, sem função alguma em suas vidas. Eles podem me ver piscando os olhos ao longe, depois apresentam-me aos seus avós e pais, namorados e parentes. "Este é o Professor Parini", dizem, constrangidos. "Ele foi meu orientador." Alguns apertos de mão e depois eu me retiro. Eles têm mais no que pensar do que nos meus sentimentos, e eu tenho mais o que fazer. O verão acena, e eu subitamente me desespero para ele começar.

*O texto deste livro foi composto em Sabon,
desenho tipográfico de Jan Tschichold de 1964
baseado nos estudos de Claude Garamond e
Jacques Sabon no século XVI, em corpo 11/16.
Para títulos e destaques, foi utilizada a tipografia
Frutiger, desenhada por Adrian Frutiger em 1975.*

*A impressão se deu sobre papel off-white 80g/m²
pelo Sistema Cameron da Divisão Gráfica
da Distribuidora Record.*

Seja um Leitor Preferencial Record
e receba informações sobre nossos lançamentos.
Escreva para
RP Record
Caixa Postal 23.052
Rio de Janeiro, RJ – CEP 20922-970
dando seu nome e endereço
e tenha acesso a nossas ofertas especiais.

Válido somente no Brasil.

Ou visite a nossa *home page*:
http://www.record.com.br